「いいこと」ばかりが起こりだす

スピリチュアル・ゾーン

それは、すべてが自動的に起こる領域

There's a place where good things automatically happen

Nami Yoshikawa 佳川奈未

青春出版社

ゾーンに呼ばれているからこそ、
あなたは、この本に出逢った♪

シフトを叶える「まえがき」

〝不思議は、すでに起きている！〟

～あなたを導く宇宙は、〝ギフトの送り主〟！　ほしいものを言いなさい

この世の中には、科学では解明できないことがたくさんあります。

人が日常において、本当に不思議な、なんとも説明のつかない体験をすると、〝目に見えない世界〟からの合図のようなものを感じて、恍惚たらしめられるものです。何か自分以外の偉大なるもののエネルギーに守られているような気持ちにさえなります。

そのなんとも不思議なエネルギーの働く領域こそ、何を隠そう、この『スピリチュアル・ゾーン』なのです！

ゾーンに入ると、〝ある一定の意識レベル〟に到達したとたん、「こうなるといいなぁ」と、ただ何かを望むだけでそれがコロッと叶ってしまいます！

「あの人に会いたいなぁ」と思うと、突然、むこうから連絡がきたり、「これがほしいなぁ、今度の給与が出たら買おうかなぁ」と思っていると、思いもよらぬ人からプレゼントされたりするのです。

ときには、「なんとか来月までに、お金を工面しないと」と考えていると、予期せぬところからタイミングよくお金が入ってきて、救われたり……。

最も驚くべきことは、なんのへんてつもない自分が、「あの人のようになりたい！あんなドラマのような素敵な人生を叶えてみたい！」と、世に出て活躍している人に憧れ、夢を思い描いていると、それさえもが現実になるということです！　まさか！というような出来事に遭遇し、ささいなことから運命の大転換が起こり、それまでとは比べものにならない、見違えるような人生が叶ってしまうわけです！

ただ、そう思っただけで、実際には、まだ何もしていないうちから、なぜか、なぜか、心の中にあるものが、外側の現実世界にポンッと現れてしまうのです！

それは、まるで宇宙が、こちらの心の中を一部始終のぞき見していて、「ほら、君の考えていることなど、ぜんぶわかっているよ。ねぇ、こうしてほしかったんでしょ。はい、どうぞ♪」と、その存在をチラつかせて、からかっているかのように感じられるものです。けれども、宇宙はからかっているのではなく、いつも、こちらを気にかけ、愛してくれている存在。そんな宇宙は、あなたの心の声を、望みを、ぜんぶ知っていて、なんとか応えたいとしているだけです！

それゆえ、あなたは、自分の心の中で何をつぶやくにしても、何を語るにしても、何を望むにしても、「ぜんぶ、宇宙に知られている」と思って、生活したほうがいいのです。

すべては筒抜けです！　宇宙に！　しかも、いったん宇宙に何かを知られてしまうと、すぐにシンクロニシティがやってきて、みるみるゾーンにいざなわれてしまいます。

ゾーンは、すべてが自動的に起こる領域です！　そこでは、努力不要で目的地に運ばれるということが、当然のように起こります。

あなたと宇宙のはざまに流れるきわめて純粋なエネルギーの作用を通して、あなたはその不思議な世界に入ることができるのです。

そのスピリチュアルな領域に、ぜひ、あなたをお誘いしたいと、今回この本を書きました。本書にあることを、固い頭で分析しようとするのではなく、〝感覚として〟身につけていただければ、あなたもそれを体験できるはずです。それは、ただの夢物語ではなく、現実だからこそ、おもしろいのです！

2016年　3月

ミラクルハッピー　佳川　奈未

Contents

Chapter 1

スピリチュアル・ゾーンに入る☆マインド・セット

――努力なしですべてが叶う！〝シンクロニシティ〟を呼ぶ方法

Contents

Chapter 2

思い通りに「引き寄せる」☆マグネティックス・サイエンス

――引き寄せは、宇宙の「おまけ」☆なにもせずとも、手に入る♪

Chapter 3

高次元にコミットする☆シンプルな方法

――この習慣が、あなたを心地よく「次元上昇」させてくれる！

Chapter 4

あなたの世界を一新する☆ヴォイド・タイム

――古い殻を脱ぎ捨て、生まれかわる！　そのためにしておくこと

カバー写真／alevtina/shutterstock.com
本文デザイン／浦郷和美
DTP／森の印刷屋

Chapter 1

スピリチュアル・ゾーンに入る☆マインド・セット

努力なしですべてが叶う！
“シンクロニシティ”を呼ぶ方法

すべてが自動的に起こる領域「ゾーン」に入る！

あなたはご存知でしょうか？　この世の中には、なにかと幸運に恵まれながら、タイミングよくキーマンやチャンスをつかみ、とんとん拍子でことを進め、いともかんたんに願いや夢を叶えている人がいることを。

しかも、彼らは、愛するパートナーや素晴らしい仲間にもかこまれ、地位や名誉や財産や影響力を持つ重要人物たちにかわいがられ、引き上げられ、大きくサポートされながら、富と成功まで手に入れているのです！

彼らの生きている世界は、〝まるで魔法にかかった世界〟であるかのように、良きことのすべてが自動的に起こり、やることなすことうまくいくのです！

そういう人たちは、まぎれもなく、ゾーンに入っています！
「スピリチュアル・ゾーン」に、です！

この「スピリチュアル・ゾーン」に入ると、まるで宇宙があなたのためにだけ動いているかのようになります！

人生のあらゆる領域に必要なサポートと好転現象が差し出され、望むものすべてが磁石のように引き寄せられ、願ったり叶ったりのことが起こるのです！

日常には、シンクロニシティ（意味ある偶然の一致）が何度もやってくるようになり、それが〝幸運の流れ（ハッピーフロー）〟を起こし、あなたの人生をスイスイスムーズに円滑に進めてくれます！

おかげで、努力なしで目的地にたどり着け、想像もできない幸運に恵まれるのです!!（※「シンクロニシティ」という言葉は、カール・グスタフ・ユングによって、生まれたもの。）

それもこれも、ゾーンに入ったからです！

ゾーンに入ったとたん、宇宙が総力をあげて、あなたをバックアップするようになるのです！

では、なぜ、宇宙はそんなにもすごい形であなたをバックアップしてくれるのでしょうか？

答えは、宇宙はあなたの幸せだけを望んでおり、愛するあなたの望むことであるならば、どんなことも叶えてあげたいとする存在だからです！

それは、まさに！　宇宙が〝無償の愛〟にあふれた存在であることを、はっきりとあなたに知らせるやり方なのです！

宇宙は、巨大なエネルギーそのもの！　そのエネルギーは、あなたに言葉ではなく、現象を通して伝えたりサポートするしかできないからこそ、すべてを現象化して、プレゼントしてくれるわけです。

ありがたいことに、このスピリチュアルなゾーンには、誰でも入ることができます！

ぜひとも、あなたも、今日からこの幸運に満ちた、不思議な魔法の世界を生きるゾーン・メンバーになっていただければ幸いです。

いや、それを断る理由など、ないはずです。

なにせ、ゾーンへの入場料は無料で、生きている限り「うれしい奇跡の特典」が有効で、あなたの人生のあらゆる領域に宇宙から多種多様なプレゼントが、ずっと送られ続けてくるのですから。

とにかく、あなたは、ゾーンに入って、そのプレゼントを「受け取る」だけ♪

それだけで、楽に、お望み通りの人生へといざなわれます。

ただし！　ゾーンに入るには、宇宙の「同意」を得なくてはなりません。

その「同意」は、あなたの波動が上がった瞬間、自動的におります！　ですから、あなたは、自分の〝波動を上げるだけ〟でいいのです！

「えっ!?　どうやって？」その方法について次の項でお伝えしましょう。

あなたの仕事は、もはや〝波動を上げる〟だけ！　その方法とは⁉

スピリチュアル・ゾーンに入るために最初にすべきあなたの仕事は、〝波動を上げること〟だけです。

あなたは、ただ、うれしく、楽しく、ハッピーな気分でいてくれさえすれば、それでいいのです。

そのためにも、わくわくすること、興味あること、やりたいことに、自発的にかかわるようにしてください。自由で、のびのびとした自分でいるようにし、もっと大胆に好きなことをするのです！　それだけで、あなたはイキイキし、自分の中から良質のエネルギーをうまく生み出せるようになり、オーラも輝き、スピーディーに波動を上げられます！

いつ、どこで何をするにも、とにかく！　いい気分でいること、幸せになることにのみ、専念してくださいね♪

思考において、「何をどう考えるのが波動を上げるために良いのだろうか」などと考えてわずらうのではなく、また、「何をすればレベルの高い人間になれるだろうか」などと小難しいことを言って、波動を上げることを難しいことのようにしないでください。

どんなにポジティブな思考を持とうとしたところで、感情面においてネガティブになっていたら、波動は上がりません。あなたの波動にダイレクトに影響するのは、いつも、「感情」のほうなのだと、覚えておいてほしいのです。

ネガティブになって気持ちを腐らせたり、なにかと不平不満を言ったり、怒りをためたり、不安や恐れにやられたり、気持ちが重くなることにかかわり続けようものなら、すぐに波動は下がります。そのとき、低い周波数を放ち、オーラは曇り、ろくなものを引き寄せません。

しかし、感情面において、重くなるエネルギーさえ持たないようにすれば、あなたのハート（心臓の奥にある宇宙の源）は高い周波数を放つようになり、勝手にあなたの波動を上げてくれるからです。

ですから、自分の感情をよく見張っておき、重くなったり、乱れたり、汚れたりしたら、すぐにそうじし、整え、クリーンな状態にしておけばいいのです。

とにかく、**自分にとって、うれしいこと、楽しいこと、ハッピーなことの中で生きるようにし、そういう人生に〝真剣にかかわる〟ようにするのです。**

いいですか！　ここが大事なところです！　それと〝真剣にかかわる〟のです！

おかしなもので、この世の中の多くの人は、悩みごと、辛いこと、苦しいこと、難問には、進んで真剣にかかわろうとしますし、気がついたらどっぷりその中に浸っているものです。

逆に、うれしいことや、楽しいこと、ハッピーなことを継続させることには、それほど真剣には取り組んでいないようにも見えるところがあるものです。

それらがなくなり、幸せな気分と縁遠くなった自分がいたときに、「ああ～、たいくつだなぁ」と言うくらいか、「ずっと幸せでいることなど、ありえないのかも」などと片付けて、いともかんたんに、うれしいこと、楽しいこと、ハッピーなことを、人生から見捨てたりして。

しかし、はっきり申しあげましょう！

魔法にかかったような世界である〝ゾーン〟に入っているメンバーたちは、みんな、自分をうれしがらせ、楽しませ、幸せにすることにこそ、真剣さをもってかかわっているのだと！　それこそを手にしたいのだとわかっているのだと！

どうかそれを忘れないでください。

宇宙は、よろこびや幸せや愛のエネルギーでできているので、それに同調する人でいることが、ゾーンに入る近道です！

あなたが、うれしく、楽しく、ハッピーでいることに真剣に関わることに、「よろこんでそうするつもりだ！」と言うとき、宇宙もよろこんであなたの人生に真剣に関わってくれます。

そして、あらゆる方法をもってあなたを救い、守り、引き上げ、みかたになってくれ、これでもかというほどの幸運を授けてくれます！

宇宙があなたのみかたをするようになると、あなたにはそれがすぐにわかります！というのも、そのとき、意味ある偶然の一致（心の中と外側の出来事の共時現象）＝シンクロニシティが起こるようになるからです！

シンクロニシティ（意味ある偶然の一致）は、こうして現れる♪

なにを隠そう、このシンクロニシティこそ、あなたを〝ゾーン〟にいざなう重要なきっかけとなるもの！　それをしっかりつかむことで、ゾーンの世界を生きるあなたの新たな（不思議な）人生が始まります！

そのシンクロニシティは、あなたの日常にごくごく〝ふつうの顔〟をしてやってきます！　しかし、それがどんなもので、どのようにしてもたらされるのかを知っておかないと、つかみそこねかねません。

というわけでここでは、シンクロニシティがどういうものなのかを見ていきましょう。そして、日常にやってきたら、その瞬間を逃さないように、しっかり気にとめ、それが示そうとしているメッセージをよく読み取ることです。

それをあなたの人生へのなんらかの合図としながら、日々、前に進みましょう！
するとゾーンへと自然に入れる人になります！

さて、そのメッセージの真意をあなたがわからないということは、ほとんどありません。というのも、**シンクロニシティ自体、そもそも〝あなたの心と密接につながっているもの〟であり、〝あなたの運命の導き手〟だからです。**

シンクロニシティが起こると、あなたは、自分の内側（心の世界）で気にとめているものに外側（現実の世界）でも遭遇し、興味や関心のある方向へと、願いや夢が叶う場所へと、スムーズに連れて行ってもらえます。

シンクロニシティが、そのつど、そこにある問題を解決し、障害を取り除き、目の前の道をあなたのためにあけてくれるようになるからです！

シンクロニシティは、特別な存在であるのに、〝ごくふつうの顔〟をして、あなたの日常にやってきます。

ときには、とても重要なメッセージを持っていて、寸分の狂いもなく、絶妙なタイミングで現われるので、その特別なやり方に驚きを隠せないものです。

さて、何度も言うようですが、シンクロニシティは、ごくごく〝ふつうの顔〟をしてやってきます。

たとえば、それは、あなたに何気なく雑誌や本を手に取らせるでしょう。そこで、偶然開いたページの中に、あなたがほしがっていた情報やキーワードを与えてくれたりするかもしれません。

ふとテレビをつけさせたその場面で、まさにいまの自分にぴったりな話や知るべきであった内容を放送しているのを見せるかもしれません。

たまたま乗ったタクシーの中でかかっていたラジオ番組で、パーソナリティにあなたの求めていた意味ある言葉を話させることもあるでしょう。

見知らぬ街で通りすがりに見つけ、初めて入った喫茶店で、たまたま隣に座っていた人が、いまのあなたと同じ悩みを持っており、それについて語り合っていて、みごとにその悩みを解決するヒントを語るのを聞かせることもあるかもしれません。

電車に乗ろうと切符を買ったら、切符にあなたにとって意味のある番号が印字されていて、最近気にしていたことについてハッとさせられることもあるものです。

また、ビルの壁に貼ってあるポスターのコピーに、最近あなたが心の中で気にしていたことに関する答えのような言葉を見せ、一瞬で何かを悟らされるという経験をさせることもあるでしょう。

ときには、「最近、あの人はどうしているだろう？　会いたいなぁ」と、誰かのことを気にしていたら、突然、その人から何年かぶりに電話が入るということも！

そのあまりのタイミングに驚き、会って話してみると、なんと！　その人が、自分にとっての重要な情報を握っており、求めていたキーマンともつながっていて、紹介してもらえることに！　それをきっかけに、自分の人生が突然うまくいくという、そんなおいしい状況を得られることもあるものです。

突然、図書館に行きたい気分になり、いつもは行かないその図書館に行ってみると、たまたま手にした本で、仕事で必要としていた資料になる重要な文献を発見したり、長年煮詰まっていた何かしらの問題や研究に関するヒントが見つかったりして、一瞬で解決のときを迎えることもあります。

シンクロニシティは、いつも、どんな場合も、絶妙なタイミングで起こり、心に符合するので、一瞬で心が晴れ、状況が一変するものです。

また、そのときそこにある問題要素の大きなひとつを、あるいは、いくつかを同時に解決したりもするので、遭遇した人はびっくりせずにはいられません！

「えっ!?　うそ!?　こんなことが私に起こるなんて！　しかも、このタイミングで！」と。

それが起こるとき、宇宙はあなたを、〝ふつうの日常〟から、〝高次元の世界〟へとスムーズにシフトさせ、より大きな幸せと感動的な人生を叶えてくれるものです！

「宇宙からのギフト」をよろこんで受け取ってください

シンクロニシティは、ときには、冗談のようなやり方で起こり、あなたを笑わせてくれ、ゆるませてくれ、楽にもっと良い状態にしてくれたりします。

また、あなたと宇宙の〝友情の印〟を見せてくれるかのように、まえからほしかったものを上手に受け取らせてくれたり、求めているものをすんなりと与えてくれたりします。そして、あなたがキャッキャとよろこぶ顔を見ては、さらにすごいことをしようとするものです。

たとえば、日常にシンクロニシティが介入すると、あなたのほしくてたまらなかったものが、ある日突然、ポンと目の前に現われることがあります。

それまで、どんなにそれを求めても、どこに行っても売り切れで、まったく手に入らなかったのに、思いもよらぬ展開でひょっこり手に入るのです。もうダメかと、あきらめていたものですら、ゲットできてしまいます。

あるとき、私には、ほしいバッグがありました。それは、その時代、一世を風靡するほど爆発的に売れた、あるブランドのバッグで、品良く、美しく、機能的で、使いやすく、おしゃれなもの！　高級ブランド製なのにお手頃価格であるということから、それはそれは、当時、すごく人気があったものです。

テレビはそのヒットをあおり、雑誌でも取り上げられるほどで、雑誌のモデルはこぞってそれを持ち、女の子みんなが真似をしたがりました。

しかし、生産が追いつかず、直営店でも買えなかったくらいです。

なんとしても私はそれがほしいと、全国の関連ショップのすべてに電話をかけたり、可能な限り足を運んだりして、探していました。

しかし、私自身はもちろん、流行をゲットするのがうまい私の友人でさえ、それは入手できませんでした。

それでも、私はそれを持っている自分の姿をわくわくイメージしていたのです。

そんなある日、たまたま友人の家に誘われ、見知らぬ街へ遊びに行くことに。

そして、駅を降り、その街に入り、友人宅へ続く道をいそいそ歩いていると、可愛い雑貨店やブランドショップや輸入ブランド取扱店などが並んでいる一角にさしかかったのです。

そこで、ふと、気になったお店に入ってみると、店員さんがなにやらごそごそと箱から出して奥の棚にそれを並べようとしていたのです。

なにげなく見ていると、なんと！　それは！　あのほしかった例のバッグではありませんか!!

それを見た瞬間、「おー!!　なんという奇跡!!　こんなところで出逢うなんて!!」と、その予期せぬ遭遇に興奮し、思わず店員さんの背中ごしに、「それください!!　私、買います!!」と言ったほど。

「それにしても、よく、これが入荷しましたねぇ」と言うと、店員さんは、「そうなんです。もう、入荷しないと店長も言っていたのに、なぜか、今朝、ひょっこりひとつだけ入ってきたんです。お客様、ラッキーですね！　とにかく、昨日まで、かなり問い合わせが入っていましたから」

思いもよらぬ幸運の贈り物にうっとりしながら、それをレジで包んでもらっていたとき、お店に他のお客さんが入ってきて、そのバッグを見てこう言ったのです。

「それは、まだ在庫ありますか？　私もほしいのですけど」。

しかし、店員さんは、「ああ……ごめんなさい。もうないんです」と言うしかできず……。その人は残念そうに帰っていったのです。

私は、あまりにも意外な展開で、コロッと手に入ったバッグに不思議な感じを覚えたものです。

そして、それを買い、いそいそ友人の家に行くと、なんと、友人も、「えっ!?　それ、どこで買ったの!?　私もほしい!!」「すぐそばのお店よ」「うそっ!?　実はそれを私もほしくて探していたけれど、昨日まではあのお店にはなかったわよ」

まさにあの瞬間、あのタイミングで、宇宙が私のために商品を棚に並べようとしたのでしょう！　もし、お店に入るのが、あと5分遅かったら、他の人のものになっていたはずです。

シンクロニシティは、あなたの知らない方法をもよく知っていて、あなたに何かをあげたいとするとき、その独自のやり方で与えてくれるのです！

あなたに何かほしいものがあって、それを手に入れたいという願いがあるとき、友人に「遊びにこない？」と家に誘われたとしても、その両者の間に、どんな関連性があるのかなど、さっぱり見当もつかないことでしょう。いや、むしろ、それとこれとはまったく別のことのように思えるでしょう。

しかも、シンクロニシティがあなたに何かを突然受け取らせるときは、いつも、あまりにもユニークで、オリジナルな方法なので、あなたはそれが〝どんな方法なのか〟

をあらかじめ知ることはできません。

けれども、すべてのことはつながっているわけです！　あなたの知らないところで！　予想もできない形で！

それゆえ、あなたにできることは、ただ、何かほしいものがあるときには、それを素直に心から望むことと、もし、誰かにどこかに誘われたり、ふとどこかに行ってみたいという気分になったら、その〝心地良い衝動〟についていくことだけです。

すべての導きは、あなたの気分や直感や言動に降りるので、あなたはその衝動にしたがうだけでいいのです！

あとは、シンクロニシティが、それなりのやり方で、あなたを連れて行くべき場所に連れて行き、見るべきものを見せ、つかむべきものをつかませてくれます！　ポンッと、あなたの目の前に置くかのように！

世にも奇妙な物語は、あなたが〝ひとり〟のときに起こる⁉

それがどんなものであれ、シンクロニシティが起こると、あなたはハッとするし、無条件に感動するものです。

しかし、ときには、それは、他人からすると、「それが何なの？」「それが起こったからといって、どうってことないじゃない」ということであったりします。

実際、あなたが興奮してそれを誰かに話したとしても、「そんなのただの偶然よ。たいしたことじゃないわ」「何でも不思議がるのをやめたら？」と言われたりするものです。「ああ～、そんなことくらいでよろこぶなんて、あなたはなんておめでたい人なの」と、冷めた感じで言われたり、あきれかえられたりすることもあるでしょう。

無理もありません。それについての認識や経験がない誰かに話したとしても、理解されにくいものです。

なにせ、シンクロニシティは〝あなたの内面〟に関与して起こる出来事だから、他人にはその不思議さの意味が伝わらないことすらあります。まぁ、自分だけがその意味とすごさをわかっていたらそれでいいのですが。

もちろん、あなたに起こるシンクロニシティが、誰かや何かやどこかと、深くかかわっていることもありますし、世の中の人びとに大きな影響を与え、世の中全体を動かす出来事につながっていることもあります。が、それは、ずいぶんあとになってからしか、誰にもわからないものです。

覚えておきたいことは、あなたに起こるシンクロニシティは、誰が何と言おうと、あなたにだけは、〝特別な意味を持っていること〟であり、そこからあなたの人生がスムーズに流れ、より良くなるのは確実だということです！

人生の秘密を握り、あなたのために素晴らしい未来のドアをあける〝宇宙からのプレゼント〟そのものです！

そんなシンクロニシティは、あなたの心がオープンでいて、素直に柔軟に物事を受け入れられる状態のときや、〝ひとりで行動しているとき〟に、起こりやすいものです！　家でボーッとしていたり、のんびりお風呂に入っていたり、何も考えずに歩いていたり、乗り物に乗っているときにも。

最近、人とつるまず、ひとりで行動するほうが楽で、そうすることが多くなったし、そういう時間を充実させているというときは、シンクロニシティがあなたのために現れたいと何かを準備しているときでもあったりします。

それゆえ、**〝ゾーン〟に入るきっかけともなるシンクロニシティが起こりやすくなるよう、日常的にひとりの時間を大切にすることが重要です！　自分のために「世にも奇妙な物語」が起きるのを、自発的にサポートしてください。**

ひとりでいるのは孤独なことではなく、むしろ、宇宙と最もよくつながれ、意味ある偶然の一致や不思議なことに遭遇する確率に満ちた〝最高の場面〟でもあるからです！

ちなみに、私は、本のテーマやアイデアやタイトルについて、宇宙からギフトを受け取りたいというとき、いつも、ひとりで海に出かけ、ボーッと過ごす時間を持つようにしています。

すると、そこに、家にいたままや、繁華街を歩いていたとしても見つけられなかったであろう何かを見つけたり、その日たまたまその場所にいあわせた人から、すごいヒントを得たりすることがあります。

そういう流れで生まれた本は、決まって、売れます！

家で悶々と煮詰まるのをやめ、ふらっとひとりで海にでも行ってボーッとする〝何も考えない、何もしない〟時間があるからこそ、そこに〝いいもの〟が入ってくる余地が生まれ、起こることのできる小さなシンクロニシティがあるわけです！

そういったことをきっかけに、人はそのとき最もほしいものをかんたんにつかめるようになっているのです。

マネー・シンクロニシティは、あなたの夢をサポートする！

シンクロニシティは、お金の問題を解決してくれることも多々あります。

マネー・シンクロニシティは、あなたの心と生活を癒し、密かに抱く夢をダイナミックに展開してくれます。

しかも、**マネー・シンクロニシティは、必要とあらば、何度でもあなたのためにお金を工面し、用立ててくれます。何らかの借金や調達すべき資金を、事情の変化とともにチャラにしてくれ、想像もつかぬ大金を与えてくれることさえあるものです。**

たとえば、どうしても明日までにお金の工面をしないといけないと悩んでいるとき、前にお金を貸してあげた人がひょっこり現われ、お金を返してくれたり、予期せぬタイミングで保険の配当金が振り込まれたりするのです。

また、知人や誰かが、その人なりの理由で突然そのお金を用立ててくれたり、経済的に余裕ができたという人が必要資金を提供してくれたりすることもあります。

ときには、何らかの事情の変化で、突然、そのお金をもう支払う必要すらなくなり、抱えていた問題がすっかり解決するということまで、起こるものです。

マネー・シンクロニシティで、ピンチを救われたことが私にはしばしばあります。

そのひとつを、お伝えしましょう！

いま思い出しても、そのやり方に、私は驚きと興奮と不思議さを覚えずにはいられません。

それは、まだ私がふつうの主婦であった頃の話です。あるとき、私は歌のコンテストに応募し、ポップスの作詞部門で新人賞をとったのです。受賞者は、東京での授賞式と祝賀パーティーに参加することが義務づけられていました。

ところが、当時、神戸に住んでいた私は、三人の子持ちの主婦で、自由になるお金をあまり持っていませんでした。お恥ずかしいことですが、当時の私には貯金もなく、お金を借りられる人もいませんでした。

どうしたものかと頭を悩ました私は、主催者に電話し、受賞式に出なくても賞を受け取れるかどうかを聞いてみたのです。

しかし、「授賞式とそのあとのパーティーに参加できない場合は、賞を辞退したことになります。ぜひご出席ください」とのこと。

もちろん、行きたいのはやまやまでした。こんなにうれしいことはないのですから。しかし、その当時の私は、神戸から東京へ行く交通費と宿泊費とパーティー参加費のたった数万円すら、工面することがむずかしかったのです。

しかし、イメージの中では、すっかり、授賞式とパーティーを楽しむ自分が見えていました。「東京に、行きたいなぁ〜。このチャンスを逃したくない！」と思っていました。けれども、どうすることもできず……。そのときふと、昔、少女マンガで見た奇跡を思い出し、こんなふうに考えていたのです。

「あぁ～、私のために足長おじさんが現われて、お金をくれたらいいのに!!」と。

すると友人から突然、電話がかかってきたのでした。

出てみると彼女はこう言ったのです。

「もしもし……突然なんだけど、実は、私、離婚したの……。それで、慰謝料を元手に、カフェバーをオープンしたのよ。でも、まだお客さんが誰もいないから、お客様のふりをして、お店にいてくれない？　もちろん、飲食してもらっていいし、お金などいらないから」

それを断る理由もなく、軽い気持ちで行ってみることに。

お店に入ると、友人が「ここに座って」と、ドリンクを出してくれました。それを飲んでボーッとしていると、ほどなくしてひとりの品のいい年配の方がやってきたのです。そして、友人にこう声をかけたのです。

「やぁ、ひさしぶり、お店を出したという連絡をもらったから、来てみたよ。たまたま昨日から神戸に来ていたので、ちょうどよかったよ」

友人はその年配の男性のことを先生と呼んでいました。そして、その先生が、ぽつんと座っている私を見て、こう言ったのです。

「おひとりですか」

「はい。彼女の友人です。あの……先生とか、友人が呼んでいましたが、お医者さまか学校の先生とかでいらっしゃいますか?」

「いや、僕は、ねぇ……」

それをきっかけに話してみると、彼があるレコード会社のお偉い方であることがわかったのです。それでなんとなく私は、作詞で賞をとったものの授賞式に参加できずにいて、辞退になりそうだという話をチラッとしたのです。

すると、その男性は、「君、その歌詞をここに書いてみてくれ」と言って、友人に白い紙を出させ、テーブルの前に置いたのです。

「えっ？　歌詞をここに？」

「そうだ。自分がつくった歌なら、覚えているだろう。書いてごらん」

私は言われるままに、ペンを走らせ、その受賞作を披露したのです。すると、なんと彼は、こう言ってくれたのです！

「これは本物だ(笑)。いいよ、僕が費用をすべて出すから、東京の授賞式に行くといい」

「えーっ!?」

しかし、そんなこと、「はい、そうですか」とすぐに返事できるものではありません。なにせ、その日、初めて会った見ず知らずの人なのですから。いくら友人の知り合いとはいえ。

「そのお気持ちだけで十分です」と、私は話を聞かせてしまったお詫びをしたのです。

しかし、彼は、何度も、「いいんだよ。そうさせてくれ！　力にならせてくれないか」と言うのでした。

「僕は才能のある人が埋もれていくのを見ていられないんだ。僕はもうこんな年だから、わくわくすることはなかなか自分ではできない。だから、そういう人を応援して、わくわくできたらそれでいいんだよ」と。そして、さらにこんな話も。

「実は、僕が音楽関係者だと知っている人の中には、歌手デビューしたいばかりに、実力もないのにああだこうだと値打ちをつけては偉そうなことを言い、なんとかコネをもらおう、デビューさせてもらおうと、ガツガツしている人がたくさんいる。わけのわからぬ者に投資させようと怪しい話を持ってくる人もね。

そういう人たちは、僕のことを利用できるだけ利用してやろうという魂胆が見え見えでイヤになる……。

しかし、君は、そういう人とは別だ。ちゃんと、やることをしているではないか。たとえば、『本当にデビューしたいなら、その力のほどを見たいから、歌ってみろ、作詞したいなら書いてみろ』と言っても、口だけで、実際にはそれをうまくやれない人がいっぱいいる。けれども、君がこんなふうに書ける限り、僕は認めるし、応援したい。僕の自己満足だと思って甘えてくれたらいいよ」

結局、彼が新幹線の切符を用意し、ホテルの手配をし、お膳立てをしてくれることになったのです。しかも、ありがたいことに、彼は、「君の家族が誰も授賞式に行けないというのは、さみしいだろうから、僕はそれを自費で参加して見るよ。晴れやかな君の姿を見せてもらったら、その費用など返さなくていい。僕の楽しみでやるだけだから」とも言ってくれたのです。

おかげで私は賞を辞退せずにすんだのです！　運よく東京に行け、ちゃっかり祝賀パーティーにも参加できたのです！

と、この話、これで終わりではないところが、シンクロニシティのすごいところ！

授賞式が終わり、パーティーが始まる前、会場の前でその男性と待ち合わせをしていると、「おい！　ひさしぶり!!」と、関係者のT氏が彼にあいさつしてきたではありませんか。

話を聞いてみると、声をかけてきたそのT氏は、このコンテストの審査員で、主催者と協力して、新人の育成やデビュー、CDづくりを担当しているすごい方でした。二人はひさしぶりの再会だったのです。

これには、私についてきてくれた彼自身が驚いていました。まさか、ここで友人に会うなんて！　と。

そうして、彼は友人とそこでバッタリ出逢ったことで、そのままパーティーに招待される形となり、結果、私たちは一緒にパーティーを楽しむことができたのです。

しかも、そのパーティー会場で、T氏が育てているという、ある注目の女性シンガーをも紹介してもらえ、すぐあとの彼女のレコーディングにも参加させてもらえたのです。

初めて見るレコーディングの風景は、わたしの心を感動で揺さぶり、夢の世界をリアルにしてくれました。

おまけに、その女性シンガーとは友人関係になれ、神戸でも頻繁に会う仲となり、いろんな夢を語りあえ、私は彼女の影響でどれほど成長できたかわかりません。

しかも！　私を助けてくれた彼のほうも、そんな流れで、再び昔の音楽仲間とのつきあいが始まり、なんと！　彼自身、復活のレコーディングを果たしたのです！

実は、彼は、若い頃バンドを組んでいて、何曲かレコードを出していた立派な歌手だったのです！　私はそれを知らなかったので、あとから聞いて、びっくりしました。

私を助けることでわくわくできたらそれでいいのだと言ってくれていた彼に、宇宙は、彼自身、本当にわくわくする現実をプレゼントしたのです！

こんなふうに、連続するシンクロニシティには、宇宙の意図や大きな計画があるものです！　それはそのままゾーンで大きく展開する新たな人生にもつながっています。

シンクロニシティのすごいところは、人智ではかりしれないことや、人が聞いても「うそっ!?　それ、本当!?」と驚くような感動的なことを、スイスイやってしまうところです！

関わるすべての人が何らかの意味のあることを経験させられてしまうようになっているのです！

たとえば、〝**助ける側**〟と〝**助けられる側**〟**は、驚くほどグッドタイミングで出逢い、お互いに何らかの心の問題を解消し、果たすべき目的を果たすようになっており、その役目を互いがするために引き合わされるというわけです。**

その後、私は、すぐに作詞家になったわけではなく、作家としてデビューしたわけですが、２００８年にはインディーズＣＤにて作詞家デビュー、２００９年にはエイベックスから念願の作詞家＆歌手デビューを果たせたのです。

それらがスムーズに思えたのは、あの頃から、作詞に触れ、偶然参加できることになったレコーディング風景をも実際に見ていたからでしょう。

おかげで、まったく緊張せず、自分の歌のレコーディングをすることができました。

すべてのことはつながっていて、何一つ無駄なことがないのです！

そもそもシンクロニシティは、あなたと宇宙をつなぎ、人と人、人と出来事をつなぎ、壮大な計画の中へと、あなたを誘うミッションを持っているものです。

そうして、あなたの持ちうるすべての願いや夢を叶え、自己実現させてくれるのです。ゾーンの中で！

宇宙が「お金」をくれるとき、あなたに〝白羽の矢〟を立てている

お金が介入するマネー・シンクロニシティが起こるとき、たいがい、あなたの人生に大きな意味のある大転換が起こります。そのとき、それまでの苦しい生活から抜け出せ、一気にどん底の人生から救われるようになります。

そんなふうに、宇宙があなたを救うのは、あなたを助けて然《しか》るべきであるということを、長い目で見て、はっきりとわかっているときです。

ときには、宇宙は、あなたを通してやってほしいことや、あなたに託したいこと、頼みたいことや、してほしい仕事があるとき、スピーディーにあなたを救うために、お金の工面をしてくれます。

あなたに必要な要素が、あとは「お金」の問題だけというとき、そのお金を宇宙はグッドタイミングで運んできてくれるのです！

しかし、マネー・シンクロニシティは、あなたがやみくもにお金をほしがっているときではなく、宇宙が「いま与えることで、最大限の救いが可能となり、誰にとってもそれがなんらかの理由で価値あるものとなる」というときに、やってくるということです。

宇宙は、あなたにお金をくれるとき、お金がある人のところから、無理のない形で、出す側の納得した理由で、適切な方法で、ときには一風変わったやり方で、それをあなたにまわしてくれます。

あなたが宇宙からお金を受け取れるときというのは、お金がない状態であっても、あなたが愛と慈悲をもって惜しみなく尊いことや有意義なことに尽力していることが多いものです。

ときには、宇宙は、〝ただ、いまのあなたを生かすためだけ〟に、その生活費をサポートすべくお金を与えてくれることもあります。

宇宙があなたにお金をくれるときというのは、たいがい、あなたは、それまでの人生の中で誰よりも一生懸命にがんばっていたりするものです。人の知らないところで努力し、陰の善行で自分を生かし、力を発揮しているものです。

また、あなたが意味のある人生を進もうとしており、そのためにやるべきことをやっていて、夢や大きな目的のために偉大なことをやっているときで、あとはそれをクリアするには「お金の問題だけ」というときに、ひとはだ脱いでくれるのです。

あなたが何かを願い、望み、叶えたいとすることは、すべて宇宙があなたを通して叶えたいことでもあるので、宇宙はそういうあなたに協力せずにはいられないのです！

また、あなたがだいそれたことをしていなくても、ただ、自分の命を生かす道を必死でなんとか生きていこうとするときも、あなたを全力で救おうといろんな助け舟を出してくれますし、そこにお金が必要とあらば、絶対に間に合うようにどこからかまわしてくれます。しかも、余剰をつけて！

私の知人のNさんは、思いもよらぬ方法で事業資金を手に入れることができました。その宇宙のやり方に、いまでも感動していると言います。

Nさんは自分で事業をおこす前、ふつうのサラリーマンをしていました。彼は、当時、貿易関係の会社で働いていました。

その会社は、立ち上げられたばかりで、社長でさえ、どのようにその事業をうまくまわしていけばいいのかわかりませんでした。それゆえ、うまくいかないことが多く、ときには業績が悪くて社員に給与をまともに出せないときもあり、雇った社員は、すぐに不安になって辞めていくのでした。

しかし、Nさんは人間味あふれる優しい人柄の社長が大好きで、自分だけはいつも社長のみかたになりたいと、率先して働き、うまくいく方法を探したり、なにかとアイデアを出したりして、数々の取引を成功につなげていったのです。

そうして、いつしか会社も軌道に乗り、売り上げも良くなり、多くの社員が入ってくるようになりました。

そんなとき、Nさんは、前々からの夢である宝石の仕入れをしてみたいと思い、その夢を叶えるために、会社を辞め、自立することに決めたのです。

たまたまこの仕事で海外を訪れたとき、その現地の人たちと友達になり、その国が良質の宝石の産出国であると知らされ、興味を持ったのがきっかけでした。

ほどなくして、Nさんは自分の夢を叶えるために独立したいと、退職を申し出たのです。

それを伝えると社長は、もちろん残念がり、とてもさみしがり、一度は引き止めました。が、Nさんこそが自分を一人前の社長にしてくれ、会社をここまでにしてくれたのだから、今度は自分も彼を応援したいと思いなおしたのです。

とはいうものの、夢に向かうといっても、Nさんにとってそれはチャレンジでもありました。

それには大きなお金が必要だったからです。そのための資金をどうやってつくろうかと毎晩のように考えていました。計画をノートに書いては、難しい顔をしてながめていたのです。が、ある瞬間、ふと、「資金調達成功!! お金はできました!」とノートに書いてみたくなり、そうしてみたのです。

すると、〝すでにお金ができた〟という気分になれ、イメージの世界であるにもかかわらず、なぜかとてもホッとし、豊かなムードに。その晩、Nさんはひさしぶりにぐっすり眠れたのでした。

そして、「必要なお金はきっと手に入る! なぜなら、こんなにもはっきりとあの国で仕入れをし、日本で事業展開しているビジョンが自分には見えているのだから!」と、Nさんは、まだ、お金ができていないにもかかわらず、海外の関係者に連絡をとっては、どのようにすれば安価で良質の宝石が仕入れられるのかを調べまわっていたのです。

そんなある日、会社の社長から連絡がありました。「渡したいものがあるから、明日、少し会社に寄ってくれないか」と。

Nさんが行くと、社長は、Nさんの叶えようとしている夢について、詳しく聞かせてほしいと言ったのです。Nさんは、目を輝かせてそれについて計画を話しました。

しかし、実際には、まだ、何のめどもついていないということや、それでも、なんとかするために、来月には一度海外に出向き、宝石の鉱山を持っている業者に直談判して、個人的に仕入れさせてもらえるかどうか交渉したいのだと話したのです。

すっかり話を聞き終えると、社長はNさんに、あるものを渡しました。それはクロコダイルの高級な紳士バッグでした。

「そうか、よくわかったよ。君もこれから交渉するために人に会う立場だ。そのとき、ひとつくらい良いカバンを持っておくといいよ。これは僕の好きなものだけど、君に譲るよ。きっと、何か役に立つはずだから」

Nさんが家に戻って、社長から受け取ったクロコダイルのバッグをあけてみると、そこには丁寧につつまれた何かの塊がありました。なんだろうと、開いてみると、なんと！　現金1000万円が入っていたのです！

驚いたNさんが社長に電話すると、社長は優しい声でこう言ったと言います。

「いいんだよ、それを使ってくれ。君は絶対に成功する！　僕はそれがわかるから、君の独立を応援したいだけなんだ」

続けて社長は、

「もし、困ったことがあったら、いつでも相談にのるからな、僕はこの会社を君につくってもらったようなものだから」と。

Nさんは、それを聞いて、思わず号泣したと言います。


実は、Nさんは、10代で親を失い、そのあとずっと誰にも頼らず、なんとかひとりで生きていこうと、気丈にここまで生きてきたのでした。最初会ったときから、自分に親のように優しい言葉をかけてくれる社長の存在が本当にうれしく、だからこそ、あれほどまでにがんばれたのだと。


「きっと……恩返しします！」

とNさんが精一杯の言葉を伝えると、社長は、こう返してくれたと言います。

「僕に恩返しをと言うのなら、成功した姿を見せてくれよ、頼むぞ！　それだけを約束してくれたら、充分だから」

Nさんは、その資金と社長の慈愛を胸に事業を立ち上げ、急速にビジネスを成功させていきました。いまでは多くの社員を抱えており、忙しく海外をとびまわっています。

Nさんは、あのときどれほど助けられたかわからないと言っていました。それは、なにも、経済的なことだけを言っているのではなく、自分の心も、魂も、運命そのものも、すべてを同時に助けられたということです。

シンクロニシティは、いまのあなたが何者であるかに関係なく、いつも、どんなときも、あなたの心と密接な関係にあります。

それゆえ、**あなたが何かを望み、イメージし、その実現をリアルな感情であじわうとき、宇宙を呼びつけ、シンクロニシティを起こすスイッチを押すことになるのです！**

それは、いつも、あなたの心の奥の深いところにある〝無意識の領域〟でなされるので、あなたはまさか自分がシンクロニシティを起こすスイッチを自分が押し、宇宙に「夢を叶えてほしい」と、要請していたのだとは、気がつかないのですが。

ゾーンの自動扉がサーッとひらき、お金がポンッと現れる！

マネー・シンクロニシティを起こし、必要なお金を受け取り、思い描く願いや夢や成功を叶えたいというのなら、そのお金を〝すでに得た〟つもりでいることです！

現状がどうであれ、その結果にのみ意識を向け、それを本当のこととし、よろこんでいてください。そして、安堵し、リラックスしていてください。

なんなら、「神様、このお金を工面してくださって、ありがとうございます‼」と、先にお礼を言っておくのもいいでしょう！

お金に限らず、それがどんなものであれ、あなたが〝すでに得た〟つもりでいるとき、あなたを運命の場所へと連れて行くゾーンの自動扉がサーッと開き、必要としていたものが、どこからか引き寄せられ、あなたの目の前にポンッと現われます！

そして、〝すでに得た〟つもりになったなら、そのお金がここにあれば、きっとこうしているだろうということを、いますぐやるのです！

たとえば、工面したお金をどこかに支払うまえに、調べておくべきことや、どこかに何かを問い合わせる必要があるなら、また整えるべき書類がいるなら、事前にそうしておくことです。

そのお金で直接何かを買いたいというのなら、それが売っているお店やサイトで検討すべきことをあらかじめいろいろ検討するのです。

そのお金でどこかに行くことになるというのなら、新幹線や飛行機の時間を調べ、旅先の宿でも予約する段取りをしておくのです。

そうやって、**お金ができたらやろうとしていることを、お金ができる前に、そう、いますぐ！　しておくのです！**

すると、宇宙は、あなたが〝すでに得た〟とするそのお金の段取りをし始めるべく、シンクロニシティ（起こって然るべき出来事）を起こし、見事な形で、タイミングよく、そのお金を与えてくれます！

そのとき、あなたがお金を手にできる事情と、そのあとの新しい人生が、同時に、きれいに、整っていくのです！

しかし、この世の中の〝常識的な人〟は、なかなかそれができないものです。「お金もないのに、何かを調べたり、段取りするなんて、そんな無駄なことできるわけない」「そんなことは、お金ができてからやっても間に合うことだから、なにもお金がないときに、わざわざやることもないだろう」「動くだけ動いて、もし、お金ができなかったら、骨折り損のくたびれ儲けだ」と。

しかし、**〝奇跡的な人〟であるゾーン・メンバーは、屁理屈よりも、〝希望〟をとります！　現状ではなく、つねに、結果にのみフォーカスしているものです！**

結果から逆算していまをみつめているから、あらかじめ必要なことのためにいくらでも、よろこんで動けるわけです。

そして、なにかにつけ、そういうスタンスでいるからこそ、シンクロニシティも起こりやすく、ゾーンに入りやすく、いい展開や幸せな結果が約束されやすくなるのです！ お金のことであっても、その他、どんなことであっても！

さて、お金を必要とするとき、「お金がほしい！」と願えばいいと思っている人が多いものです。しかし、「ほしい！」というのは〝ないから〟という思いを宇宙に反映させるだけで、ますます貧しい状況を引き寄せてしまうだけです。

そうではなく、「すでに得ている！」「もう、持っている♪」と、お金が手に入ったときと同じ思考や気分を、いまこの瞬間、持つことが大切なのです！

それでこそ、自分が心の中で持っているそれと同じものを引き寄せられるのです！

切符・車のナンバープレート・ホテルの部屋番号の秘密

あなたをスピリチュアル・ゾーンにいざなうシンクロニシティは、あらゆる状況の中であなたに何かを語りかけ、必要なメッセージを伝えようとしてくるものです。

シンクロニシティが起こったあと、一つひとつの場面はつながっていき、ある瞬間、パズルのようにカチッとはまり、ひとつの絵を完成させます。

それはあとになってからしかわかりませんが、「こういうことになるために、それは起こっていたのか！」と、その信じがたい幸運の展開と素晴らしい人生に、あなたは魅了されることになります。

あなたの心の状態と、そのとき何をしているかによって、シンクロニシティの起こり方は違ってくるものです。が、それがどういうものであれ、それは、宇宙があなたに伝えたいことを含んでおり、あなただけが悟れる何か意味のある重要なことを示しているのです。

そんな、**シンクロニシティは、あなたの日常の様々な場面に、特定の「数字」となって、奇妙な現れ方をすることがあります。**

たとえば、車に乗っていて、信号が赤になり、ふと、偶然、前に止まった車のナンバープレートを見ると、「777」とか、「888」など、同じ数字が連続するものを見せられることがあるでしょう。

その数字に気をとめていると、信号が青になり、走り出したとたん、車線変更して前に入ってきた、また別の車もが、先ほどと同じ数字の連続ナンバーで、一日に何度も、やたらと同じ数字が自分のまわりをかこむということがあったりします。

そんな「数字」にまつわる不思議なことを、スーパーで買い物をしたレシートの合計金額に、立て続けに見ることもあるものです。

また、ホテルやどこかの施設を訪れたときにも、意味深な数字に遭遇することがあります。

チェックインの手続きをし、キーを受け取って部屋番号を確認すると、それが、あなたのお気に入りの数字の連続であったり、特別な思い入れのある数字であったりするわけです。

偶然にも、自分の誕生日と同じ数字であったり、会えなくなっている恋人の誕生日や電話番号の一部の数字になっていたりすることがあるものです。

また、体調を崩し、入院した病室の部屋番号が、自分の誕生日と同じで、それに意味を感じていると、同じ誕生日の看護師さんが担当してくれたりすることもあります。

電車の切符や、コンサートのチケットなどに、ツイているときに必ず見るというある特定の数字の連続ナンバーが入っているということも。

そういった数字のシンクロニシティを見たとき、人は、なぜだか気持ちが一瞬でパッと明るくなり、もやもやしていた何かが消え、良い兆しを感じ、どこかが救われたような気持ちがするものです！

それが示す意味を、その瞬間には、はっきりわからなかったとしても、なんだかうれしくなるものです。というのも、それはたいがい、あなたにとって「いいこと」を告げているからです！

しかも、その数字は、「最近、やたらと見る」というもので、そのたびに、勇気づけられている感じがしていたりもするでしょう。

シンクロニシティが何か特定の数字になって、日常に頻繁にやってくるとき、それは、物事が順調にいっていることを示すサインであり、「あなたの進んでいる道は正しい」ということを告げています。

そこから、人生が良くなることは、まちがいありません！

神秘☆シンクロナンバーは、あなたに幸運を告げている！

あなたに、数字のシンクロニシティがやたらと起こるときには、いつにもまして注意深く自分の日常を見つめてください。まわりの気配や出逢う人に、興味を持っていてください。そのあと、うれしい何かが起こるはずです！

しかも、あとになって、その数字の意味を紐解いてみると、そこに告げられて然るべき意味があったこともわかるものです。

また、自分がすべきことに確信を持て、何かにGOサインを出せ、それを機にすべてがうまくいくということもあるでしょう。

シンクロニシティが数字を通してあなたに語るとき、あなたのいま関わっていること

とが宇宙の計画の中にしっかりあり、それゆえ、どう転んでもうまくいくから、「安心しなさい」というメッセージを告げていることが多いのです。

さて、数字のシンクロニシティが告げる〝意味〟や〝メッセージ〟を事前にわかっておくと、その数字に遭遇したときに、すばやく何かに気づけ、明るい気持ちで先に進め、そのあとの流れにうまくついていけるものです。

というわけで、ここでは、神秘的な幸運のカギを握る数字のシンクロニシティ＝シンクロナンバーについて、それが持つ意味やメッセージについて見ていきましょう。

その意味には、多種多様なメッセージがありますが、そのとき、その状況の中で、あなたはそれが〝何のこと〟を言っているのかを、きっと、自分でわかるでしょう。

なにせ、あなたの心の内側と外側の世界は、密接にリンクしているのですから！

神秘的な幸運のカギ☆シンクロナンバーを紐解く！

宇宙生命気学の「運命数」から読み取ったデータより。宇宙生命気学は、大自然の教えである「易」がベース。一説には、易とシンクロニシティが密接な関係にあるということをカール・ユングは発見していたとあります。

1

「11」「111」「1111」の意味&メッセージ

✦「さあ、ここからスタートです！　一から出直すつもりで！」

✦「すべてが一新されます！　あなたの〝新しい人生〟の幕開けです！」

✦「心機一転！　もうなにも、過去のことなど煩《わずら》わなくていい！」

✦「新しい気分、新しい自分、新しい環境を楽しみなさい」

✦「それは、スタートしたばかり。あせらず、ゆっくり！」

✦「心配するのをやめなさい。このあと、だんだん良くなります！」

✦「一歩一歩、ひとつひとつ、こなしていけば、うまくいく！」

✦「シンプルにやりなさい。単純にいきなさい」

✦「意思をしっかり持つことです。最初が肝心」

2

「新しい世界が待っているよ！」

「ひとりじゃないよ！　宇宙があなたとともにあるから」

「流れについていくこと！

川に流れる清らかな水のごとく、何も考えず、透明な自分になって、
いまは、ただサラサラと、流れに身をまかせていけばいい」

「22」「222」「2222」の意味&メッセージ

「ビジョンについていきなさい！」

「夢が実現するときですよ♪　すべては順調！」

「企画は通る！　自由な発想とユニークなアイデアを楽しみなさい」

「願いは叶う！　そうなるようになっている！」

「ピュアな心でいるだけで、助けてくれる人が現われる」

「明るい未来が待っている！」

「マイペースがうまくいくコツ♪」

✦「それに関しては、どっちもあり！　両方手にする可能性もあり」
✦「ただ、ウキウキワクワク楽しんで♪」
✦「あなたが思い描いているものを、手にすることになる！」

3

「33」「333」「3333」の意味&メッセージ

✦「まさに、強運のときです！　ツイてる！　ツイてる！」
✦「いまこそ、アクションを起こすとき！」
✦「勇気をもって、一歩前へ」
✦「情報をできるだけ集めて、活用すること」
✦「もたもたせずに、スピーディーに動いて、吉！」
✦「パワフル！　エネルギッシュ！　いまが一番いいときです」
✦「再スタートを切るときが来ています、『Try again!』」
✦「素敵な人との再会がある♪」
✦「いい話がやってくる！」

✦「結果は約束されています！　必要なアクションを惜しまずに」
✦「前にあきらめたことも、いまなら叶う！」

4

「44」「444」「4444」の意味&メッセージ

✦「あなたの時代がやってきました！」
✦「世に出て成功するときです！」
✦「自分の基礎固めをするときです」
✦「自分自身を大切にしてください。あなたはかけがえのない人です」
✦「時代があなたのみかたです！」
✦「大切なのは、愛と慈悲と感謝！」
✦「まごころがあなたの人間的魅力を引き出します」
✦「あなたがブームの火付け役！　世に素晴らしいブームをつくれます！」

5

「55」「555」「5555」の意味&メッセージ

✦「いまこそ、あなた本来のパワーを発揮して！」

✦「強い意思が、自分を救い、引き上げる！」

✦「まもなくすべてが落ち着きます」

✦「取り越し苦労をしなくていい」

✦「好奇心をもって、それに臨んでください」

✦「それは大丈夫！　あなたにはやれる！」

✦「思った以上に大きな成果が手に入りそう」

✦「不安定にならないこと」

✦「浄化しなさい！　自分の心も環境も」

✦「丹田に気を入れ、落ち着いていくこと」

✦「自分を癒しながら行きなさい」

✦「GO！　したら、あとは静かにことを見守る。騒がずとも、そのあと、それは大きく形になる」

6

「66」「666」「6666」の意味&メッセージ

「すべてのことが報われて、幸せな奇跡に恵まれる！」

「目に見えない力が、あなたを手厚くサポートしています」

「神仏のご加護があります。何も心配いらない、大丈夫！」

「ありがたみをもって、それを見てください」

「感謝、感謝、それしかありません」

「心眼をひらいて、物事を見つめること。すると真意がわかる」

「神社・仏閣に出向くことで、良い閃《ひらめ》きに出逢うでしょう！」

「まちがいなく、守られています！　すべては尊い結果をつれてくる」

「怖いものなしです！　しかし、あえて、用心深くいくこと」

7

「77」「777」「7777」の意味&メッセージ

「宇宙があなたのみかたです！　よろこびのギフトがあります♪」

8

✦「すべてはうまくいっている♪」
✦「まさに順風満帆♪　やることなすことうまくいく！」
✦「それは、うれしく、ラッキーな運びとなります！」
✦「思いもよらぬ幸運が、あなたに舞い降ります♪」
✦「必要なお金が入ってきますよ！　金運上昇！」
✦「幸せな奇跡が起こります！」
✦「そのリズムを大切にしてください」
✦「スピリチュアルなエネルギーがあなたをサポートしています。
自分を信じて進むだけで、宇宙とうまく同調できる！」

「88」「888」「8888」の意味&メッセージ

✦「起死回生☆すべてが蘇り、あなたを生かします！」
✦「復活と再生のときです！」
✦「バイタリティのある人でいてください」

「発展・繁栄・飛躍！　偉大なるその考えとともに、前進せよ」

「一見、いまの時点では不可能に見えることも、可能になります」

「いったん止まったとしても、そのあとダイナミックに人生が動きだす！」

「行く末が楽しみです♪　その素晴らしい景色を堪能することでしょう」

「どう変化したとしても、結局、最後は、うまくいく！」

9 「99」「999」「9999」の意味&メッセージ

「勝利の王冠は、あなたに与えられる！」

「高次元の存在が、あなたを引き上げようとしています！」

「才能開花のときです！　あなたのオリジナリティを大切に」

「ハイアーセルフがコンタクトをとりたがっています！

心の声に耳を傾けて！」

「未来は明るい兆しでいっぱい！　よろこびの頂点に立てるときがきます！」

「いと高き自分でいるように。神聖な存在であるように！」

✦「〝最高のプレゼント〟が用意されています。まもなく届きます！」

✦「自分の人生を祝福しなさい。
究極にいいものだけを受け取れるようになっています！」

✦「輝かしい未来が待っています！　直感的に惹かれる道を進んでください」

✦「ミッションを果たすときです！
それはあなたの好きなことの中にある！」

0

「00」「0000」「00000」の意味&メッセージ

✦「いまここにこそ、無限の可能性が秘められている！」

✦「いまは、なにも考えなくていい！」

✦「ただリラックスし、ほほえんで横たわっていてください」

✦「すべてのことはつながっている！」

✦「むしろ、いま、あなたはすべてを手にしやすい状態にある！」

✦「あなたを幸せにする良きものが、ここから無限にひろがっている♪」

「なにも考えない、なにも言わない、なにもしない、
そうやっていまを過ごすことこそ、良い突破口となる」

さて、シンクロナンバーには、あなただけが特別な意味を持つものがよく現れるものです。なかでも「あなたの誕生日（月日の数字）」はひときわ感動的です。その意味には、次のようなものがあります。

ちなみに、誕生日の数字によく遭遇するときは、大きく人生が転換期を迎え、あなたがなんらかの形や方向に〝生まれ変わる運命である〟ことを示していることが多いものです。

「あなたの誕生日ナンバー（月日の数字）」の意味とメッセージ

「蘇生のときです！　新たな自分に生まれ変わりなさい。

まったく新しい人生がここに誕生します！」

✦「あなたのすべてを宇宙が祝福しています！　守っています！

もう、なにも恐れることはありません」

✦「すべては、すっかり生まれ変わります！」

✦「あなたの運命は、あなたの手中にある！」

✦「あなたの心次第で、すべてはどうにでもできます」

✦「自分の存在価値を見つめなおしなさい。あなたは誰より素晴らしい！」

✦「安心して、くつろぎなさい。運命は幸せのある場所に向かっています」

いかがでしたでしょうか？　なにか気になるシンクロナンバーやようやく意味をつかめたメッセージはありましたか？

シンクロナンバーがあなたの日常に頻繁に現れるときというのは、かなり宇宙があなたの人生に介入しはじめた証拠です。

それゆえ、そこからの物事の運びは、きっと、あなたを魅了するものになることでしょう！

とにかく、立て続けに数字のシンクロに出逢ったなら、その意味をくみ取り、そこから閃《ひらめ》くものや、「こうしよう」と思いつくことには、できるだけ関わる自分でいてください。それは、ごくささいなことかもしれませんし、勇気をもって行動すべきことかもしれません。

ときには、その数字を見たとき、ただ単に、そのときの自分の気持ちを切り替えるだけでよかったり、なにかを軽く確信するだけでよかったりすることもあります。あなたが特になにもせずとも、そのあと勝手に宇宙が必要な人物や出来事をあなたの人生に投入してきて、なにかを成り立たせることもあるものです！

いずれにせよ、数字のシンクロニシティが現われたら、行く先には、〝いい流れ〟と〝良い結果〟が約束されているものです。わくわく受けとめながら、前に進むといいでしょう！

「特定の言葉」が飛び込んでくるとき、奇跡も飛び込んでくる！

あなたをゾーンにいざなうシンクロニシティは、ときには、直接言葉を使って、あなたの注意を引こうとすることがあります。

とはいうものの、宇宙は直接あなたと口をきけないので、あなたの耳に入るように、目でその言葉を見るようにして、注意を引くのです。

そのときのあなたに必要な〝特定の言葉〟や〝意味深なフレーズ〟を、一日に何度も、あるいは何日も立て続けに、聞かせたり、読ませたり、見せたりして、その言葉通りのことをダイレクトに伝えようとするものです。

その言葉やフレーズは、日常のあらゆる角度からやってきます。それは、あなたが探すのではなく、〝なにをしていても勝手に飛び込んでくる〟という感じです。

たとえば、ふらりと入った喫茶店やレストランでの隣の人たちの会話に、まさにいまの自分の悩みや心情にぴったりなアドバイスともなる言葉を聞かせたりします。

時間つぶしをするためだけに入った書店で何気なく見つけた本のタイトルの言葉に、生き方のヒントを得させてくれたりします。

また、電車に乗っていて隣に座っていたおじさんが広げた新聞記事の見出しから、明日の会議のテーマにすべき良いネタをひろわせてくれたりもします。

街のポスターや看板にある言葉や、テレビのＣＭやドラマのセリフから、どうすべきかと思案していたことの答えや、勇気を与えられることもあります。

しかも、おもしろいもので、そういうとき、なぜかその特定の言葉やフレーズだけ、他の言葉よりも、突然、大きく聞こえてきますし、そのコピーやセリフだけが、えらくクローズアップされて見えるものです。

言葉のシンクロニシティが起こるとき、それは、たいがいシンプルで、短くて、どこにでもありそうな言葉で、決して珍しい言葉ではありません。専門用語や難解な言葉であるということは、ほとんどありません。

それは、一日に何度もやってくるし、連日立て続けに繰り返されるので、「あれ!? また、あの言葉だ」と、その奇妙さに、いやでも気づかされ、注意を向けずにはいられなくなるものです。

そういうとき、宇宙は、どんかんなあなたに（?）あるいは、ほうっておいたら大事なことにいつまでも気づきそうもないあなたに、なにかをこの際、はっきりと物申す必要があり、それをそのタイミングで伝えているということです。

ですから、なにか特定の言葉やフレーズやセリフを最近やたらと聞くというのであれば、いいかげんそのメッセージを受け止めてほしいのです。

というのも、あなたが素直にその言葉を受け止めない限り、何度でも繰り返されるからです。それほど、そのときのあなたに必要なメッセージを持っているからです。

やがて、その言葉やフレーズやセリフがあなた自身の気持ちや状況を、おだやかに、かつ、はっきりと好転させていくのがわかるはずです。

そんな、シンプルで、どこにでもありそうな特定の言葉のシンクロニシティとして遭遇する「言葉・フレーズ・セリフ」には、次のようなものがあります。

あなたにも、経験がありませんか？

これらの「言葉・フレーズ・セリフ」に逢うと、そのときあなたは、宇宙の愛と思いやりをひしひしと感じられることでしょう！

言葉のシンクロニシティ✦遭遇しやすいセリフは、これ！

✦「大丈夫！　うまくいくから」

✦「やめておいたほうがいいって」

✦「もう一回、考えたほうがいいんじゃない？」

✦「それ、本当？　確認したら？」

✦「電話してね」

✦「間違いないわ」

✦「絶対にそうよ」

✦「あとで後悔しないでね」

✦「そのままでいこうよ」

✦「早くしないと、間に合わないかもよ」

✦「お墓まいりに行ってきたの？」

ラッキーフレーズ・シンクロニシティ✦いい未来を予言している！

✦「最高傑作」

✦「奇跡が起こる！」

✦「神様が守っている」

✦「すごいシンクロだね！」

✦「愛している♪」
✦「I LOVE YOU.」
✦「FOREVER」
✦「ずっと一緒」
✦あなたの名前と同じ名前
✦あなたが気にしている人と同じ名前
✦ドラマや映画の中から聞こえてくる言葉で、いまのあなたにとってはやたらとひっかかる言葉や、いまのあなたの心境にぴったりな言葉

もし、最近、なにか特定の言葉やフレーズやセリフが、やたらと自分に繰り返しやってきているとしたら、その意味をくみとり、思いやってみてください。そこから、あなたのなにかが癒され、正され、修復されます！

Chapter 2

思い通りに「引き寄せる」☆マグネティックス・サイエンス

引き寄せは、宇宙の「おまけ」☆
なにもせずとも、手に入る♪

もっと恩恵にあずかるには⁉

常識的で制限と限界に満ちたこの現実から見れば、不思議なシンクロニシティが起こる世界というのは、いつも、非常識で、非現実的なことのように感じられるものです。

それゆえ、シンクロニシティに遭遇したことがない人や、遭遇してもそのことの意味をわかっていない人は、シンクロニシティによって人生が劇的に好転し、幸運を手に入れた人の話を聞くと、まるで〝ほらふき〟のように思うものです。

「えっ⁉　うそだ！　そんなことが起こるなんて信じられない。冗談でしょ？　話を盛ってない⁉」と。

しかし、そういう人にとってこの現実は、人間の常識だけで動いているものに見えるから、お固く、融通がきかないものになってしまうだけです。宇宙という、自由で、無限で、拡大する〝愛のエネルギー〟からすれば、いつ、なにが起こってもおかしくない、ミラクルに満ちた現実こそが「真実」となるのです。

さて、あなたが、その不思議なシンクロニシティの存在を信じ、いくらでもやってきていいと許可するとき、宇宙はあなたのためにもっと応えようと、いくらでもおもしろいことを見せてくれるようになります！

ですから、**シンクロニシティの恩恵にあずかりたいなら、まず、その存在を認め、それが起こることを信じ、歓迎することです。そういう心的態度を通して、宇宙をみかたにつけるのです！**

あなたの人生にそれがどのような形で何度やってきてもいいのだと、よろこばしく受け入れる気持ちでいるとき、シンクロニシティが頻繁に起こるのを助けることになり、ゾーンに入るのを助けることにもなります！

ゾーンに入るための「大切な9つの条件」

念のためにここでお伝えしておきたいことがあります。それは、シンクロニシティを起こすのは宇宙であり、〝あなたではない〟ということです。あなたはただ、それが起こりやすくすることしかできません。

そのためにも、次の「大切な9つの条件」を心得ておくといいでしょう。

あなたがこの「大切な9つの条件」のどれかひとつや、あるいは、いくつかを同時にたずさえている状態にあるとき、シンクロニシティは最も頻繁に起こりやすく、複数同時に、束になってやってきます！

そのとき、最もゾーンに入りやすい状態になります！

ゾーンに入るための〝大切な9つの条件〟
シンクロが頻繁化し、ゾーンに入りやすい状態は、これ！

1 あなたが、うれしく、楽しく、ハッピーなことに、真剣に関わり、
　自分らしく輝き、波動を上げているとき
2 自分の内面に向き合い、深く関わっているとき
　また、なんらかの理由で自分を見失い、真剣に自己探求しているとき
3 理論や理屈ではなく、閃きや直感に身をゆだね、いまこの瞬間にいるとき
4 夢や願いや偉大なる計画に向かい、イキイキ輝いて生きているとき
5 人生になにか大きな目的を持って生きているとき
6 人生に苦悩し、道を探しているとき
7 自分の心の内側と深く関わろうとしているとき
8 ピンチや逆境の中にいて、必死に助けを求めているとき

9✦なにか急を要する大変な状況下にあるとき、一刻を争うとき
また、命に関わる重大なことがあるとき

さて、あなたがこのような状態にあるとき、宇宙はすぐにそれを察知し、最善のシンクロニシティをあなたの人生に投入し、独自のやり方で、素早くあなたを癒し、救い、引き上げ、助けるものです！

そのタイミングは、いつも、絶妙で、寸分の狂いもなく、結果はすべて幸運化され、どこをとってもパーフェクトです！

また、**この「大切な9つの条件」をみてもわかるように、ゾーンに入るには、あなたの心的態度や生き方が大きくものをいうことになります。**

しっかり自分の人生に関わっていこうとする人を、宇宙は決して見捨てたりしません。むしろ、なんとか最善に導きたいと、全力でみかたしようとしてくれるものです。

ちなみに、シンクロニシティが短期間（ほんの何日間の間か、1~2週間のうちに）

立て続けに3回以上起き、かつ、同じテーマや方向性を持っていて、あなたの望むものと符合していたら、すでにあなたは、ゾーンに突入していると思っていいでしょう！

そして、そのシンクロニシティを介してやってきた物や人や出来事を受け取りつつ、その流れに乗っていくようにします！

そのとき、どのようにすることで、うまくその流れに乗り続けられ、ゾーンの中でうまく願いや夢を叶え、目的地へとスムーズに運ばれるのでしょうか？

それについて、このChapter2で引き続き、お伝えしていきますが、まずは、次のエピソードをお読みください。

誰にも言っていないことまで、宇宙は知り尽くし、叶えてしまう⁉

ゾーンに入るには、自分の心的態度や生き方が深く関与しているものです。しかし、それをあなたが知っていようがいまいが、シンクロニシティの起こり方になんら支障はありません。

というのも、宇宙のほうではなからそれをわかっていて、あなたの人生をうまく望む場所へと運ぶシンクロニシティの起こし方や、あなたをいい流れに乗せる方法を知っているからです。

さて、私ごとで恐縮ですが、昔、私は、あつかましくも〝女優さんになりたい〟などと、夢みていたことがありました。そのためにタレント養成所のオーディションを受けたことがあります。

その最初のきっかけは、なにげなく新聞に掲載されていた新人タレント募集の広告に刺激されたことでした。

もし、あのとき、いちいち自分の容姿を気にし、そんな実力なんてないだろうなどと悲観していたら、たぶんオーディションの「ハガキ」すら、出せなかったでしょう。

実際、当時、私は、あれこれと自分の欠点を見つけては、どうでもいいことを気にして思い煩《わずら》っていて、ずいぶん躊躇《ちゅうちょ》し、そのせいで長い間、応募することができなかったのですから。

しかし、夢は膨らむばかり♪　ついに、ある日、興味と夢みる気持ちが〝悩み〟と〝躊躇する気持ち〟に勝ち、その瞬間、私は応募することができたのです！

「ええい！　もう落ちたってかまわない！　それでもいいわ。そうなったらそうなったときのことよ！　ひとつの人生経験として笑い話にでもすればいいだけかも。だから、いまは、思いきって、好きなことを自由にやろう♪」と、そう開き直って、オーディションを受けたのです。

すると、どうでしょう！

あれ～!!　一次審査、二次審査、歌のオーディション、所長の面接と次々受かってしまい、合格してしまったではありませんか♪

おまけに、タレント養成所に入所後、何年もレッスン期間を経てしかテレビの仕事に呼んでもらえないところを、ひょんなことから、私はものの1か月もしないうちに、出してもらえることになったのです。しかも、その特別待遇（笑）は、私にだけ起こったのです。

その流れは、こうです！

タレント養成所では、オーディション合格時にブロマイドの撮影がありました。事務所はそのブロマイドをもとに、テレビ関係者にタレントを派遣していました。そのため、いやでも、美人ばかりが選ばれていき、そうでない人は、なかなかお声がかからないという、辛い現実があったのです。

しかし、ブロマイドで選んでもらえなかったとしても、ある一定の研修期間を経て、昇格テストで上のクラスに上がれれば、そのクラスにいる人には、実力次第で仕事がまわってくるかもしれないということでした。

けれども、その一定期間のレッスンを終えるまでに、何の変化もないレッスンだけの日々にうんざりし、希望を失い、夢をあきらめて辞めていく人が続出していました。

そんな中、「ブロマイドで選ばれることがない限り、また、上のクラスの昇格テストに合格するのでない限り、美人ではない私は、もしかしたら一生、お声がかからないかもしれない」と、考えるようになったのです。

不安を感じた私は、どうしたものかと、ひとり頭を悩ませていました。そんなある日、ふと、こんなことが閃《ひらめ》いたのです。

「そうだ！　今度の土曜日、事務所に遊びに行って、マネージャーに会って、直談判《じかだんぱん》すればいいかも♪」と。

ふとした閃きや、何気ない思いつきも、シンクロニシティのなせるわざであり、ゾーンに呼ばれているサイン！

しかし、当時はそんなことを知りませんでしたし、その自分のふと閃いたことが賢明な答えなのかどうかわかりませんでしたし、そんなことが可能かどうかもわかりませんでした。だいいち、私が行く日に、マネージャーが、そこにいるのかすらわかりませんでした。

しかし、そう閃いたとき、なぜか、一瞬で気持ちが晴れ、なんとも言えない高揚感があふれ、さっそくそうしたいという、わくわくする衝動にかられたのです。

そして、私は予定していた日に勝手に事務所へ行き、マネージャーに会い、こう気持ちを伝えたのです。

「こんにちは～。今日は遊びに来ましたぁ～♪」

「どうしたの？　突然」

「はい、仕事のことでして……」

「仕事？」

「あの～、どうも美人ばかりが資料のブロマイドで選ばれ、仕事をもらえているようですが……私もテレビに出たいので、早く仕事をください！」

そうシンプルに、本音で言ってみたのです。


すると、なんと！　マネージャーはあまりにもあっさりと、

「あっ、そうなの、君、出たかったの？　ごめん、気づいてあげられずに。じゃあ、会ったついでに、もう君に仕事をあげる。はい、これ。さっき、突然入った依頼なんだけど。明日から撮影に行ってね。そのかわり、朝の5時入りだよ」

と、ある番組の仕事をポンッとくれたのです！　その番組は、有名なある監督さんが撮っているもの！

ひぇ～!!　なんという展開！　「こんなに簡単でいいのか!?」と、こっちがマネージャーに反撃してしまいそうになるくらいでした。

心の中では半分、「取り合ってもらえないかも」とも思っていたので、こういう展開になるとは、自分がいちばんびっくりしたものです。

この展開について、そうなった理由は、いまだからわかる気がします。頭では否定的なことを考えていても、心の中で私は、すでにそれが叶った自分をパーフェクトにイメージし、うきうきしていたから、よかったのでしょう！

そのよろこびのリアルな感情が、それを本物にしてくれたというわけです。

しかし、この話、これだけではありません！

よろこんで撮影の現場に行った私は、その日、なぜか、たびたび監督さんに叱られたのです。「こら！　君！　そこに立つんじゃない！」「主役より目立つな!!」などと。

けれども、そのときの私は故意には何もしていません。おとなしく、監督さんの指示通り、言われるままにしていただけです。

それなのにやたら注意され……。そのたびに「衣装替えしてこい！」とどなられ、なんと一時間の撮影の間に、私だけ4回も衣装替えをさせられたのです。

これには衣装さんも驚いて、「またなの？　あんたばかり、なんで着替えさせるのだろうねぇ～」と言うほど。

しかし、撮影が終わって帰るとき、監督さんは私を呼びつけ、こう言ったのです。

「どこの事務所だ？」

私は、てっきりどこかいけないところを事務所に言いつけられるのだと、叱られる理由を探していました。が、次の瞬間、監督さんは優しい声でこう言ってくれたのです。「君は目立つなぁ～、ほんとに……何もしていなくても。けど、それでいい。明日からはレギュラーでおいで」と、その場でオファーをくれたのです！

なんという展開!!　マネージャーには、一回分の仕事しかもらっていなかったのに、こうなるとは。

そして、うれしいことに、次の撮影では、監督さんが即興でセリフとプラスのシーンをつくり、私の出番をつくってくれたりしたのです！

しかも!!　その番組には、某人気青春ドラマに出ていた大好きなアイドル男優さんも出ていて、私はごきげん♪　さらに、私の憧れの某大女優さんが主役をしており、その女優さんから、直接、演技のてほどきまでしていただけ、感謝、感激！

そもそも、その女優さんに演技のてほどきを直接してもらえることになったのは、監督さんが何度も私をどなり、衣装替えをさせたことがきっかけでした。

それで、彼女が私のことを覚えてくださり、気にかけてくださるようになったのです。

「ピンチは、チャンス」とは、こういうことをいうのでしょうか♪

しかも、しかも！　この話、まだ終わりません。恋のシンクロニシティまであったのです！

撮影のとき、監督さんに、私はある男性と並べられては、「君たち、ファッションセンスがよく似ているから、はい、カップル役をやってね」と、いつもその男性と組まされていたのです。

実は、その男性は、同じ養成所の上のクラスの先輩で、すでにCMやドラマにも出ており、ちょっぴり、「素敵な人だなぁ」と思っていた人だったのです。しかし、クラスが違うので、あまり話をすることもありませんでした。

が、マネージャーがくれたその番組に行けたおかげで、その彼と話すようになり、撮影でもよく会い、帰りが一緒になることが多々あったのでした。私はそれを密かによろこんでいました。誰にも言わず！

すると、心がその人を引き寄せるのか、なぜか、毎回、その人と、撮影日や撮影シーンや楽屋が同じになるのです。「あの人、今日も来るかなぁ。一緒になるといいなぁ」と思うと、絶対、来るのです！

そのたびに、監督さんが、「はい、君たちは、この場面でそこにいてね」と、なぜか私たち二人をそろえるのです。あのとき、他にも、同じような年代、似たようなムードの男女がたくさん撮影に呼ばれていたにもかかわらず、監督さんは毎回私たち二人をペアにしたのです。なぜそうするのか、本当に不思議でした。

そして、結局、その番組の撮影が終了したあと、私と彼は、結婚。のちに、3人の子どもたちにも恵まれたのでした。

この一連のできすぎた出来事こそ、シンクロニシティ、いや、もうゾーンそのもののしわざです！

シンクロニシティは立て続けに起こり、まるで宇宙が台本を書いたひとつのドラマをつくっているかのようでした。

また、当時、私は、女優さんになる夢を持ってはいたものの、心の奥底では、密かに、「ああ……こんなことばかりしてないで、23才までに結婚したいなぁ」と強く思ってもいました。そんな願いまでも、結局、叶ったわけですから、それも宇宙の台本に組み込まれていたのでしょうか。あの、オーディションの募集要項を見たときから。

宇宙は、誰にも言わずにそっと隠し持った夢までお見通しで、それに必要なシンクロニシティをほほえみながら投入し、いつのまにか人をゾーンに放りこみ、幸せな奇

跡をみごとに、叶えてしまうものです！

こんなふうに、あなたの人生にシンクロニシティが一連の流れで起こるとき、宇宙にはあなたを連れて行きたい場所があるものです！

それは、あなたが連れて行ってほしい場所でもあり、宇宙の大きな計画の一部を担う場所でもあります！

そして、あなたが、その人生を経由してしか進めない〝偉大な道〟があることを宇宙だけが知っていて、あなたの知らないやり方で、あなたをどんどん先へ先へと、さらにハッピーにいざなうのです。

結局、私は、その流れで得た人生を経て、泣いたり笑ったりしながら生きることを学び、深め、いろんなことを乗り越え、ここまで来たことで、いまの私になり、こうしてこの本を書いているわけです。

宇宙は、はるか前にあなたをゾーンに乗せていた！

さて、前項のエピソードを読んだ人の中には、もしかしたら、こんなふうに思っている方がいるかもしれませんね。「私も早くゾーンに入りたい！　本当の運命の場所に早く行きたい！」「ああ……私の人生には、いつになったら、意味のあることが起きるのだろうか」と。

しかし、なにも心配しなくて大丈夫！　というのも、もしかしたら、すでにあなたは、充分に意味のある人生の中にいて、すでにゾーンに入っているかもしれないからです。

「えっ!?　こんななんのへんてつもない、平凡な人生の中がゾーンですって!?」

「はい。そうです！」

実は、宇宙は、あなたが自分の叶えたい人生や、本当の運命がどんなものであるのかを、望んだり自覚したりしていないうちから、意味のある道を歩かせてくれていたりするものです。一見、なんのへんてつもない日常から、ゾーンのレールが敷かれていることがあるのです！

だからこそ、あなたの〝ふつうの日常〟を注意深く見つめ、何が起きているのかに関心を持っていてほしいわけです！

たとえば、前項のエピソードは、私がタレント養成所でおいしい仕事をもらえ、結婚したというところをクローズアップしてご紹介しているだけです。それがシンクロニシティやゾーンになっていたのだと。

しかし、その養成所に行く前に、私は銀行に勤めていて、その仕事がしょうに合わず、体を壊して辞めているのです。

銀行に勤めていた頃には、失恋もしていて、私は神経性胃炎と片頭痛とうつ状態で、それは、それは、辛い時期を過ごしていたことがあったのです。

私はその辛い、なんのおもしろみもない人生から抜け出したいと思っていました。が、だからといって、どの道に進めばいいのかわかりませんでした。再就職をと考えても、どうも働く気がしなかったのです。

そんなとき、偶然、新聞広告で、タレント事務所の新人オーディションの広告を見たのです。それを見たとき、少し、ときめきを感じました。

けれども、タレントという響きは、なんだか非現実的な気がしたものです。しかし、ある日、美容院に行ったとき、たまたま美容師の人が「雑誌をお持ちしました」と持ってきてくれた雑誌を、パッとひらくと、なんと、またそのタレント事務所の新人オーディションの募集ページがバーンと現れたのです！

私は、パッと一瞬でひらいただけなのにそのページが現れたことに、妙にドキッとして、他人ごとに思えなくなったのでした。

とはいうものの、応募したいと思うまでには、少し時間がありました。それは、私が自分の容姿をあれこれ気にしていたからです。

が、気にしていることよりも、興味や希望やわくわくする気持ちが勝ったとき、そう、そのネガティブな考えをよけたとき、私はすんなり応募することができたのです。エピソードの通り、私はそのタレント養成所で女優を目指していたものの、その後すぐに、同じ劇団の男性と結婚しました。

それを読むと、あなたは、「なんだ、結局、女優になっていないいじゃない」と、思うことでしょう。

しかし!! それこそが私の本当の運命である「作家」に私を導くことになったわけです！

養成所で何度かテレビの仕事をしていたとき、いよいよ東京進出のための昇格試験を受けることになったのです。

当時、私は、「芸能人にでもなれば、お金持ちになれ、女手ひとつで私たち子どもを育ててくれた母に、楽をさせてあげられるかもしれない」と思っていましたので、そのチャンスがやってくる昇格テストと所長の面接をとても大切に思い、楽しみにしていました。

そんな運命の日、所長は昇格試験の演技を終えた私にこう聞いてきたのです。

「君はなぜ女優になりたいのですか？」

そのとき、私の口からこんな言葉が飛び出したのです。

「はい。有名になりたいからです」


「有名になってどうするの？」

「はい、有名になって、本を書きたいんです！」

「えっ？　本？　君は本を書きたいの？」

「はい。将来は作家になりたいのです」

「なら、君！　いますぐに本を書けばいいじゃないか。女優になるのも難しいし、まして や、名前が売れるほど有名になれるかどうかも難しいものだよ。だったら、こんな遠回りなことをしなくても、いますぐ書くほうが、作家になるには早いだろう。本を書くことなら、君ひとりでやれることだからね」

「えーー!?」

当時、若かった私は、そのとき、自分が何をやっているのかわからなくなったものです。なにせ、最初は「女優になりたい」と思っていたわけですからねえ。
しかし、銀行を辞め、劇団に入り、チャレンジし、運命の日を迎えたとき、ついに私は〝本当にたどり着くべき運命の場所〟が、本を書くことだったと、初めて自覚できたのです！

これまでの自分の人生をみれば、数々のシンクロニシティや不思議な出来事に導かれていましたが、そのときは、「いいこと」が起こることが、宇宙のサポートであり、守ってもらえている証拠だと思っていました。

しかし!! しかし!! よく考えてみると、そうではなかったのです！

私が銀行員になったこと、その仕事がしょうに合わなかったこと、体を壊し、失恋したこと……実は、そんな辛いときから、すでに宇宙は私をゾーンにいざなっていて、ことあるごとに意味ある偶然の一致を投げかけては、私の人生を起動修正していてくれたのです！

ちゃんと、「作家」になるというミッションを、この人生で果たせるように！

宇宙は、ただ、目先のおいしい話を、無意味にあなたに与えるのではありません。もちろん、おいしすぎる出来事を与えてはくれますが、そこにはちゃんと、あなたにとっての深い意味と、宇宙の道理があるわけです。

宇宙は、目先のことではなく、あなたの人生全体を通して、あなたの願いや夢や素晴らしい目的が、適切なときに、適切な形で、適切な場所で、楽に果たせるように、寸分の狂いもなく、日夜導いてくれているのです。

それには流れがあります！　それはときには、一見すると、「遠回りなのではないか？」と思えることもあるでしょう。が、むしろ、それは宇宙からすれば、すべての良い条件がみごとにそろうベストな最短ルートだったりします！　その流れは、あなたが〝いま、この瞬間〟を生きることで、確実につかめます！

「夢」や「願い」に関わるたびに、次元は変わる

あなたに願いや夢や目的があり、ゾーンの中でスムーズに叶えたいというのなら、それを充分愛してください。そして、それとつきあうことを〝楽しみ、おもしろがる〟ことです！

「こうなるといいなぁ」と鮮明にイメージし、叶ったあとの自分の姿や景色に酔いしれ、そこにあるリアルな感情を味わってください。現状はどうであれ、そうなったつもりで！

そして、その願いや夢や目的に関することで、いまのあなたのままでやれることを、いますぐやってみてください。

たとえば、いまのあなたにやれそうなことが、どこかに電話したり、インターネッ

トで何かを調べたり、誰かに話を聞いたり、本を読む程度くらいだというのなら、それでもいいでしょう。

それは、あなたが叶えたいことが叶うことに役立つはずですし、それをきっかけに、何かが起こるかもしれないからです。おもしろがって、「どれどれ、調べてみるか」という感じで、どうぞ♪　もし、実際に何かアクションを起こせることがあるなら、そうしてみましょう！

「そんなことをしても、叶うのは遠い話かもしれないし」とか、「いまやらなくても、万全の体制ができたら動きます」などと言って、それをあとまわしにしないでください。

いまやることで、遠い未来にあるそれを迎えに行け、いまこの瞬間、ここに、持ち込めるからです！

あなたが、いまの自分のままでやれるほんのささいな何かをひとつやるだけで、それをするまでは、他人ごとや、空想の世界のことにしか思えなかったものが、一気にリアルさを増して、あなたの日常に「現実的」に入ってきます！

しかも、不思議なもので、あなたが自発的に何かをしようと決めるだけで、勝手に状況が変わり、それを自分がやらなくても、叶う方向に物事が動いていくことがあるのです。

あなたの心が「それをする！」「それを得る！」「それを叶える！」と決めると、あなたからすごい磁力が発生し、チャンスや結果そのものを引き寄せるシンクロニシティがたやすく起こるからです！

さて、あなたの叶えたい願いや夢や目的のために何かをしようとするとき、「いまの自分は未熟だから」とか、「まだ勉強が足りないから」とか、「やったことがないし……」と、不安になったり、尻込みしたり、やれないことのように思ったりしないでください。

決して、〝完璧な状態〟が来る日を待たないでください！ 人間に、完璧などないのですから。もし、完璧があるとしたら、それは宇宙だけです。

完璧でなくても、いまの自分のままで、夢や願いや興味のあることによろこんでコミットし続けるならば、そのよろこびが生き甲斐となり、あなたのエネルギーを高め、それ相当の現象を起こすようになります！

覚えておきたいことは、あなたが何かやりたいことをひとつやると、それだけで、あなたはそれをするまでの自分とは違う次元の自分になっており、一段高い次元の自分や人生を、勝手に叶えているということです！

最善のものを受け取りなさい☆ そのシンプルな方法とは!?

願いや夢や目的を叶えるためや、何かほしいものを手にするためや、たどり着きたい場所に行くために、あなたが日常ですべきことをしたなら、あとは、すべてを〝起こるまま〟にしておいてください。

あなたの望みを、できるだけ良い形で叶えてあげたいとする宇宙は、必要なシンクロニシティを送ってくれ、ゾーンに導いてくれます。が、このシンクロニシティは〝偶然的な性質〟を持っているがゆえに、すべてを起こるにまかせることでしか、発生させられないからです。

そのやり方とタイミングにゆだね、宇宙を信頼するしか、ないのです。

すべきことをしたあとは、それがどのような展開になり、どう進んでいくのか、静観しておくだけでいいのです。やることを充分にやったなら、今度は、〝見守ること〟があなたの大切な仕事になるからです！

起こるにまかせる限り、なにが、どう起ころうとも、あなたはそれを受け入れながら、ただ淡々と前に進むだけです。

もちろん、起こるにまかせていると、いろんなことが起こるでしょう。

いいことが起こることもあれば、いやなことが起こることもあるかもしれません。スムーズにいくこともあれば、何かがピタッと止まったりすることもあるでしょう。楽しみにしていたことがキャンセルになったり、あてにしていたことがおじゃんになったりすることも。

いい人がやってくることもあれば、とんでもない人がやってくることもあるでしょう。

しかし、**起こるにまかせます！　それでこそ、本当にあなたのためになる、意味の**

あることが起こるようになっているからです！

たとえば、本の企画について、編集者と会ったとき、「いいですね。是非、うちでやらせてください」と言われ、それを進めようとしていたら、「すみません。実は、企画がダメになりまして……」と、おじゃんになることがたまにあったりします。ときには、月日をかけ、250ページも書き上げた原稿を一瞬でボツにされることも。それも、「えっ？　そんな理由で!?」と納得いかない形で。

しかし、私は、シンクロニシティがどのように働き、事態を好転させるのかを知っているので、とにかく起こるにまかせるのです！

「わかりました。ご検討いただき、ありがとうございます。また、何かあったら、お声がけくださいね」と、笑顔で事態を受けとめて。

ちなみに、そのとき、一般的に人がよく使いたがる、「残念です……」などという言葉を、私は絶対に、一切、使いません！　というのも、別にそれは残念なことではないからです。

起こるにまかせることでこそ、最高の状態にたどり着けるわけですから♪

すると、どうなると思います!?

おもしろいもので、そのあと、その企画が、別の出版社の編集者にとても気に入ってもらえ、もっと良い条件で出してもらえるということが起こるのです！

そんなことが、実際にあるわけです！

それゆえ、おじゃんになるものはおじゃんになっていいのです。何かがおじゃんになるというときには、宇宙がこう言っているのです。

「おいおい、そんな形で話をまとめるなよ。それより、君にとってもっと有益で、もっとよろこばしく、もっとためになる、他のことを用意しているんだから！　あせって小さくまとめないでくれよ」と♪

課題は、なにもしないこと☆
それができたら「結果」は上出来！

起こるままにしておくことで、宇宙のやり方にゆだねたなら、余計な手出しは禁物です。ゾーンの中の奇跡は、人間にいじくられると消えてしまいます。

ですから、故意になにかをしたり、コントロールしたりしないでください。

あなたが何かを叶えたいというとき、ときには、誰かの許可を得たり、何かしらの事情を整えたり、何がしかの条件をクリアしたり、それなりの契約を結ぶ必要があるかもしれませんね。

そういうときも、あなたなりにそれに対してすべきことをしたら、ただ、あとはその先の進み方や展開については、宇宙にまかせておき、でんとかまえて余裕ある態度で！　いるようにします。

それは、誰にとっても、ある意味、難しいことかもしれません。なぜなら、人は、何かを自分の思い通りにしたいばかりに、あるいは、ほしい結果があるばかりに、事態をいじくりたがり、自分でコントロールしたがるものだからです。

「こうすれば、Ｙｅｓと言わせられるのではないか」「こうしておけば、Ｎｏとは言いづらくなるだろう」「こう言って、それをこうさせよう。そのほうが得策だ」などと、エゴと協力して自分が有利になるよう企みがちで。

しかし、決して、何かを強引に行《おこな》ったり、自分の思うように操作しようとしたり、いやがる人を相手に長時間、説得をしようとしないことです。

また、力ずくでどうにかしよう、権力をふりかざして無理やり「Ｙｅｓ」と言わせようなどと、しないことです。

そういったことは、すべて、無駄な抵抗です。骨折り損のくたびれもうけにしかならないでしょう。

どのみち、無理に成り立たせようとしたものなど、誰も大事にしないし、本気でやってくれないし、うまくいかないものです。
「なぜ、それはキャンセルになるのですか！」「なんとかするべきでしょう!!」「その話が（そのことが）壊れるなんて、ありえないし、耐えられません！」「責任をとってください！」などと、人にくってかかることや、怒って攻撃する人がいたりするものですが、それは、まったく得策ではありません。

宇宙のみかたどころか、人にもみかたになってもらえないでしょう。

そうではなく、**いったん、それを起こるにまかせ、受け入れるのです。そうすれば、そのあとはじめて、それを改善できる余地ができたり、状況を好転させるチャンスに出逢えたり、再度可能にする方法が見つかったりするからです！**

むしろ、その状況を受け入れたとたん、予期せぬ方向からもっと別のいいものがやってきたりするのです。

たとえば、それは、人との関係であってもそうです。誰かがあなたの前から去っていくという場合、その人を去らせてあげてください。その人が行きたいところに行かせてあげてください！　二人の関係を、起こるままにして。

去っていこうとする人を無理に引き止めたり、追いかけたり、首に縄をつけて引っぱろうとしても、どのみち、こちらのすきを見て逃げ出すことでしょう。

もう縁がなくなった人や、一緒にいる役割が終わった人を、誰も呼び戻すことはできません。離れていった人を追いかけて、故意に関係を持とうとすると〝逆縁〟をつかむことになり、かえって悪い関係、いやな出来事を呼ぶことになります。

けれども、無駄な抵抗をやめ、あなたがいさぎよくその人をすっかり手放すと、その人より、もっと素敵ないい人が、もっとあなたにふさわしい人が、すんなり現れるようになっているものです！

宇宙は、あなたにとってもっといいものが来るのでない限り、何もおじゃんにしないし、何も取り上げませんし、誰のことも奪ったり、去らせたりしません。〝起こるまま〟にしていても、宇宙はあなたを悪いようになど、しないものです！

宇宙が用意しているもののほうが、あなたが小さい了見で持とうとしているものより、はるかに良いものであるということが、多々あります。

それをわかっていない人は、いつも無駄な抵抗をしては、心をかき乱し、思うようにならないことに癇癪《かんしゃく》を起こし、怒り狂い、人を攻撃するのです。

もし、その人が、宇宙のやり方を少しでもわかっていたなら、一時的に何かがうまくいかなくても、何かがダメになったとしても、誰かが去っていったとしても、「不幸だ」などと、嘆かなくてすむでしょう。

この世の中の多くの人が、思うようにいかないことを、必要以上に嘆いたり、騒ぎ立ててしまうのは、シンクロニシティという〝宇宙の恩恵〟がある生き方を、ゾーンで生きる素晴らしさを、本当には知らないからです。

あなたの思うやり方ではなく、「宇宙のやり方」を信じる

人生にシンクロニシティを起こし、ゾーンに入り、望む場所へと努力なしでスムーズにたどり着きたいというのなら、自分のやり方だけに固執せず、「宇宙のやり方」に〝おまかせ〟ください。

あなたの思うやり方は、人間レベルなので、非常に限られたやり方であり、まだまだ小さいものであったりします。

しかし、宇宙はつねに〝無限の可能性〟を秘めており、実際、あなたの想像もつかないような、素晴らしいアイデアとやり方で、あなたの望む人生を叶えられます。

「絶対にこうでなくちゃ」「あの人でないとダメ」「こういうふうでないと、辛い」な

どとこだわりすぎたり、方法を限定したり、「まあ、この程度でいいか」「最低限の形でよしとしよう」などと受け取るものを小さく見積もったり、何かをがまんしたり、制限を設けたりしないでください。

だいたい、そんなことには、あまり意味がありません。

というのも、あなたがいま望んでいるやり方や方法や結果は、いまのあなたの思考回路や、経験や、知っている手段や、思いつくものとして、はじき出されただけのものだからです。

宇宙のほうが、私たち人間より、はるかに智慧があり、もっと世界を知り、想像を超える人脈を持っており、もっとすごい方法を知っており、とんでもなくぜいたくな結果を与える力を、持っているものです！

どうせなら、大きく望み、「いいこと」ばかりをお願いしましょう。

宇宙は、そっちのほうを受け取らせてくれると言っているのですから！

それゆえ、この先の何かが、あなたのこだわるやり方や流れや思う形になっていないとしても、どうということはないのです。それにやきもきしたり、イライラしたり、いちいち落ち込まないでください。

また、状況に何も変化がないからといって、あせったり、腹を立てたり、何かを故意にいじくったり、操作したりしないでください。

たとえば、何も起こらないときは、あなたのために物事が水面下で動いていて、あなたの前に現われる準備をしているだけだからです。

シンクロニシティは、〝宇宙が起こすもの〟であり、あなたがよけいなことをしないほうが、宇宙も仕事がしやすいというものです！

宇宙があなたのために動いている限り、どう転んでも損することはありません。

一見、損することのように思えることがあったとしても、実際、一時的に何かを損したとしても、そのあと、ちゃんと倍にして取り戻させてくれます！

すべてのことは、それがどれほど自分のためになっていたことであるのか、あとになってからしかわかりませんが、すべては正しい順序で起こり、正しい展開であり、正しい結果になるのです。

シンクロが束になってやってくる☆「ハッピーフロー」に乗る！

あなたをゾーンへとつなぐシンクロニシティは、あなたの心と宇宙が同調ダンスをしていることを知らせるサインのひとつです！　あなたの心の世界と外側の世界を密接につなげ、あなたが生きるべき本当の運命をしっかり叶えさせてくれます。

さて、あなたが心の向く場所に素直に向かい、目的を持ち、情熱的に生き、物事があるがままに起こるのを助けるとき、シンクロニシティは、あらゆる形態で、頻繁に、いくつも同時に、束になって現われます！

シンクロニシティが束になってやってくるとき、あなたの人生に、〝幸運の流れ＝ハッピーフロー〟が生まれます！

流れに乗るとは、まさにこの〝幸運の流れ〟に乗ることです！

このハッピーフローに乗ると、あらゆることが円滑にスムーズに順調にいきます。問題は自然にかたづき、障害が消え去り、いい話、有益な情報、またとないチャンスが、むこうからこっちに飛び込んできます！

会うべき人やキーマンにもタイミングよく出逢え、必要な資金をすんなり調達でき、できすぎたような「いいこと」が起こり、幸運な偶然を重ねながら、奇跡をふつうに起こすのです！

ひとつひとつの物事が複雑にからみ合っているにもかかわらず、シンプルな出来事としてそこにあり、のちに、「こうなるために、それはあったのか！」と、そのパーフェクトなあり方に驚かされます。

すべてのことがみごとな形で、落ち着くべき場所に落ち着き、ほしかったものはちゃっかり手に入り、あなたをすっかり安堵させるのです！


そのとき、あなたはただ流れに乗っているだけでよく、何もする必要がありません。起こるにまかせるだけで、宇宙があなたを目的地に運んでくれるのです。

とはいうものの、もちろん、どこかに電話をしたり、人と会ったり話をしたり、なにかを注文したり買ってみたり、すべき仕事をしたりというような、ごくごくふつうのことはしているものです。

ゾーンの中にいるとき、たいがいあなたは、いるべき場所にいて、すべきことをし、言うべきことを言い、〝いまこのとき〟を、淡々とまっとうしているものです。

そのとき、自分のふつうの日常にいるだけなのに、何か世界が大きな可能性を秘めて自分に向かってくるのがわかり、なんだか幸せに高揚するのを感じるでしょう！

そして、自分の背後にある〝不思議で偉大なるものの力〟に敬意を覚えずにいられないことでしょう。実際、その感覚の中にいるだけで、びっくりするようなことに遭遇するものです！

それが〝ゾーン〟に入った人の、想像もつかない幸せな人生のやってきかたなのです！

Chapter 3

高次元にコミットする☆シンプルな方法

この習慣が、
あなたを心地よく「次元上昇」させてくれる！

ゾーンに入った証拠は、これ！ひとりでにうまくいく

いったんゾーンの中に入ると、流れるように前に進め、努力不要の人生となり、宇宙が計画してくれている壮大なビジョンの中で、かんたんに自己実現できるようになります。そのとき、あなたは、何もかもが順風満帆な人生を生きる人となるのです！

そんなゾーンに入った状態をキープするには、とにかく、〝幸運の流れ〟＝フローに乗り続けるようにすることです。

そのためにも、日常にシンクロニシティが少しでも起こりだしたなら、逃さないようにし、興味深く注目し、それに感謝し、歓迎してください。そして、それの示すものに素直についていき、すべてを起こるままにしてください。

このとき大切なことは、起こったシンクロニシティの規模の大きさではなく、〝何が起きたのか〟そのテーマと方向性に関心を寄せることです！

起きたことは、どんな出来事で、それを通して何を言わんとし、どういう方向に流れて、自分をどこに連れていこうとしているのかをよく見てください。

そうすれば、あなたは、何について、いつ、どうすればいいのかを察知することができ、そこから次に何をすればいいのか、どのタイミングですればいいのかが、直観的にわかるようになります。そして、そこから先をうまく進めるようになるわけです！

しかし、ゾーンの中にいるときは、必要なすべては自動的に起こるのが常です。

それゆえ、あなたが何もしなくても、あなたが何かを察し、理解し、気持ちや波動が切り替わったとたん、絶妙なタイミングで何かが起こり、望んでいた結末がひとりでに現われたりするものです。

ゾーンの中では、いくつものシンクロニシティが重なり、フローが起こるわけですが、それは、必ず「テーマ」と「目的」と「方向性」と「それを叶える手段」を持っており、〝最善の結末〟が何であるのかをあらかじめ知っており、あなたをそこへと自然にいざないます！

運命の流れは、宇宙の〝台本通り〟になる！

とにかく、ゾーンでは、すべての問題が自分にとって最善の形で解決し、ハッピーエンドを迎えるものです！

あるとき、私は、本の完成原稿を出版社にあずけていました。それは企画が通ったと聞かされてはいたものの、話が二転三転するわ、勝手に文体を変えられるわ、ついには原稿が原形をとどめないほど、担当者によって故意に内容を変えられていたのです。

私はその本を出したくて仕方ありませんでした。しかし、あまりにも不本意なことが起こっていたので、もうその出版社から出すのをやめようかと考えていたのです。

「あんなふうになにもかもを変えられるなら、私の本ではなくなる。原稿は私の分身……きっと、あの子は泣いているわ。私も泣いているのだから」と。

しかし、なにをどう言えば、自分の思う形にしてもらえるのか、わかりませんでした。

私は、「気分転換しよう」と、街に買い物に出かけることにしたのです。けれども、頭の中は本の行方が気になるばかり……。

どうしたものかと悩みながら街を歩いていると、ビルの新築工事の現場を通りかかったのです。その工事現場の周囲は、白い壁でぐるりとおおわれていました。街の景観をそこねないようにするためか、その白い壁には、可愛いイラストやコピーが書かれていたのです。

なにが書いてあるのだろうとふと目をやると、そこには、「どんまい、どんまい！」とあったのです。その横もチラッと見ると、「やることなすこと、うまくいく！」と。

「わぁ、なんか、私に言われているみたい」と、少しドキッとし、勇気づけられ、歩き進むと、今度は突然、「人生、思い通り！」という文字が現われたのです。それを見た私は、その言葉に、少しうれしくなったものです。

そのあと、地下道に入り、てくてくと歩いていると、まったくさっきとは関係のない場所で、関係のない貼り紙が貼られていて、またもや、「人生、思い通り！」と書かれていたのです。

私は、立て続けに素敵な言葉を見て〝いい予感〟がしたと同時に、このごちゃごちゃしている本の件が、私の思い通りになるのを直感したのです！　そこにはなんの根拠もありませんでした。

そうして、地下から上がり、横断歩道を渡ろうとすると、今度は、「人生、楽勝！　やったね」という言葉が!!　もう、確信でしょう♪

私は、知っていました。それが束になってやってくるシンクロニシティだと。その数々の言葉の出現に、宇宙に応援してもらえている気になり、もう、原稿について心配するのをやめたのです。

そのとき、ふとこう浮かんだのです。「もうこの出版社でなくてもいい」。それは、いさぎよいあきらめというか、気持ち良く手放すという感じのものでした。

けれども、ひとこと、「原稿を元の通りにしてください。他をあたります」と言ってもいいかもしれないとも思っていました。

原稿は、私が生んだ可愛い分身なのだから！　たとえ、どんなに不出来な子だと思われたとしても、私にとっては愛しい存在なのだから、元通りの形で返してほしい」と。

そうして、気分がいいうちにそれを担当者に伝えようと携帯を握りしめたとたん、電話が鳴ったのです。出てみるとその担当者からでした。彼は、私が電話に出るやいなや、こう言ったのです。

「もしもし、なみちゃん……ごめんね。原稿を勝手に書き直したりして。やっぱりあれじゃいけないと反省したよ。ちゃんと元のデータに戻すよ。

読み返してみたら、リズムもよく、おもしろいし、あのままでいいんじゃないかと急に思えてきて……。本当に勝手なことをして申し訳なかったね。

うちで出させてもらいたいから、絶対に他の出版社に持っていかないでね」

なんということでしょう!!　こんなことがあるなんて！

私は、ただ、悩んで、道を歩いて、シンクロニシティの束に出逢い、それに励まされたことによって、〝気持ちを切り替えただけ〟です。結局、自分が言いたかったことは、なにも、ひとことも、自分からは言っていません。

覚えておきたいことは、宇宙の真実は、あなたの心にかかっているということです！ 気持ちを切り替えたとたん、あなたの抱えているエネルギーも瞬時に切り替わり、それまでとはまったく別の現象を起こすようになる！ と、いうことです。

「人生、思い通り！ やったね」とは、このことか！ ほんとうに楽勝だ！ と感動し、ゾーンに魅了されたものです。

ちなみに、その担当者は、それ以来、一度も私の原稿に手を入れていません。それどころか、自分が私の担当をやめることになったとき、引き継ぎの新しい担当者に、こうも言ってくれたのです。

「絶対になみちゃんの原稿に、勝手に手を入れるなよ！ あの文体の良さを消すなよ」

シンクロニシティは、〝幸運のおまけ〟を、絶対につけ忘れないものです。

スピリチュアル・ゾーンでは、あらゆるものが語りかけてくる！

ゾーンは、宇宙全体の大きな流れの中にあり、その流れの一部でもあるあなたを大いなる計画の中にしっかり組み込み、あなたが叶えたいとするものを叶えさせ、価値ある役割を生きさせます。あなたが本来手に入れるべき、素晴らしい人生を約束してくれるのです。

いつでも、あなたの叶えたいことは、宇宙があなたを通して叶えたいことでもあるからです！

ゾーンの中では、すべてがつながっており、それゆえ、この世の中のあらゆるものが、あなたに向かって、何かを語りかけてきます！

あなたに語りかけてくる宇宙は、人や物や出来事など、あらゆる形態をとります。それらのどんなに些細なことの中にも、あなたをサポートする要素や愛にあふれたメッセージがたくさんあるものです。

たとえば、街を歩いているとき、すれ違ったベビーカーの赤ちゃんが、なぜかこっちをじっと見てきて、そっと目があった瞬間、なんとも言えない優しい顔であなたにほほえみかけ、〝ささやかな幸せ〟を与えてくれることがあるでしょう。

ときには、赤ちゃんは、すれ違いざまに、ふと、ベビーカーから手を出し、あなたの手に触れることもあるでしょう。その愛らしい小さな手で、一瞬あなたの小指を愛しくキュッとつかみ、あなたがかんたんに、奇跡をつかめることを教えてくれたりするのです。

そのことはベビーカーを押すお母さんには気づかれぬほど、そっとやってくるもので、その瞬間の神秘的なエネルギーを感じ、天使を感じてハッピーな鳥肌が立つほどです。

そのとき、**赤ちゃんはあなたに語っているのです。あなたが天使に守られていることや、宇宙という偉大な父母に愛されていることを！**

また、神社仏閣を訪ねたとき、神殿や本尊の前に行くまでは、空が曇っていたり、小雨が降っていたのに、あなたがいざ神殿や本尊の前に立ち、手を合わそうとしたとたん、突然、雲間から太陽が顔をのぞかせ、まぶしい光を投げかけてくることがあるでしょう。

それはまるで、天からのスポットライトをあびているかのように、まぶしい光で、なんともいえない高貴なパワーを受けとるものです。

そういうとき、これまでの人生を歩き、いまその瞬間、そこにいるあなたを、宇宙がねぎらい、祝福しているのです。あなたの人生は本当に素晴らしく、輝かしいものだと！

そして、こう語っているのです。

「よくここまできましたね」「もう大丈夫！　気持ちを楽にし、そのまま前に進みなさい」「あなたの願いとその祈りを、すべて言わずとも、全部承知しています。導いてゆきます、ついてきてください」と。あるいは、こうかもしれません。「あなたが望むものがなんであれ、あなたが行くところがどこであれ、私たちはそれを叶え、あなたをずっとサポートします」「いつも、どんなときも、何があってもあなたを守り続けます。だから、どうか安心して、その道を歩みなさい」。

ときには、庭に出て洗濯物を干しているときや、道を歩いているとき、なぜか、突然黄色い蝶々が飛んできて、何度もあなたのまわりをぐるぐると飛び回り、しつようについてくることがあるでしょう。

また、部屋の中から窓の外を眺めていると、黄色い蝶々が、ガラスのところまで来て、何度も右に左にと姿を現わしては消え、消えては現れるをくりかえすことがあるものです。そして、ほどなくして、外に出ると、まるで待っていたかのように、突然どこからかまたやってきて、後ろに前にと飛び回り、なぜかずっとついてくることがあるものです。

そんなとき、蝶々は、伝えているのです！「あなたの望む人生がそこまで来ています！　だから、心配しないで！　泣かないで！　落ち込まないで！　あきらめないで！　ほら、元気になって！」と、幸せな未来がくることをあなたに告げるために、はるかかなたから飛んできているのです。

また、自宅のマンションの廊下や、一軒家の玄関前や、会社の廊下に、なぜか！美しい輝きを放つ黄金虫《こがねむし》（なかでも、丸みがかった体の黄金色の強い、緑色に輝くもの）がいて、あなたの通るのを待っていることがあるでしょう。

それは、黄金虫が神秘の力をあなたに与えに来ているのであり、想像もしないような大幸運があなたためがけてやってくる！　と、メッセージしているのです！

ちなみに、黄金虫のまわりを願いごとを唱えながら時計まわりに7回まわると、それはやがて叶うといいます。不可能にさえ思えるようなことまでも、想像もできないくらい幸運な形で！

このように、宇宙はつねにあなたに何かを語りかけています。大自然はいつもあなたとつながっているし、みかたなのです！

それらは、いつもあなたに寄りそい、そっと癒し、励まし、包み込んでくれています。そして、あなたのエネルギーを浄化し、改善し、高めてくれているのです。

ゾーンの中で、宇宙が語ることの何かひとつでもいいから、その素晴らしさに気づいてみてください。

また、不思議なことが起こったら、そのときの自分の心情にあわせて、好きなようにそのメッセージを受け止め、宇宙がそう語っているのだと、いい思い込みをしてみてください。

そのあと、その通りのことが起こって、びっくりしますよ！

光って見える！それは、宇宙からのサイン

スピリチュアル・ゾーンでは、あらゆるものが語りかけてくるわけですが、ときには、「光」を使って、何かを語りかけてくることがあるものです。

それは、あなたがゾーンへいざなわれる途中経過でも、まさにゾーンの真っただ中にいるときにでも、たぶん多く経験することになるでしょう！

宇宙は、まぶしい「光」を投げかけて、あなたに何かを注目させようとするわけです。

そのとき、あなたは、そこにあるなんらかの品物や、目の前の人物や、いる場所のどこか一角が、一瞬、〝ピカッと光って見える〟というのを体験するのです！

その体験をした人ならわかるはずですが、一瞬、ハッとしたり、思わず手にしたり、

吸い込まれるようにそこに行ってしまうものです。

そして、少しドキッとするし、そのあと突然、高揚感にあふれるものです！

たとえば、それが人物なら、その人自身が他の人より一段とまぶしく見え、惹かれます。なにか特別な意味を持って自分の前に現れたのだとわかるし、運命的なものを感じるものです。

それが、品物なら、手に取らずにはいられなくなります！　それが場所なら、なぜ自分がいまこの場所にいるのか、その意味を痛感せずにはいられないでしょう。

たとえば、よくあることとしては、ふだんあまり行かない書店にふらっと入っていくと、棚に一冊だけあった本が、ピカッと光って見えたというものです。

その光は、遠くからでもはっきりとわかるくらいのもので、強烈に自分にサインを送っているようで、不思議に思い、そこへ駆け寄り、手にしてみると、なんと！　自分がとても知りたいと思っていたことが書かれてあったり、運命を変える一冊だったりするのです。

宇宙は、それにあなたの注目を集め、そのとき手にする必要のあるものを手に取らせたり、気づくべきことに気づかせたりします。

また、その人が出逢うべき人であるのを確信させてくれたり、いまいるべき場所が正しい場所であり、必然的状況に自分がいるというのを、はっきりとわからせてくれるのです。

そうやって、**ピカッと光るものをあなたに手に取らせることによって、あるいは、出逢わせることによって、そこから、新しい発見や、より多くのチャンスや、より良い出来事、より高次の人生の出現へと、あなたを導こうとしているのです！**

直観的でいてください

ゾーンと切っても切れない親密な関係にあるシンクロニシティは、物、人、出来事、現象、光、感覚、閃き、圧倒的予感、ある特定の思い、体調の変化など、あらゆる形態であなたの前に現れます。

そのシンクロニシティは、ゾーンに入ると消えるというわけではありません。むしろ、あなたがゾーンに入ったあとのほうが、もっと色濃く、おもしろく、親密なものとなって、あなたの人生に介入してきます！

ゾーンがゾーンであるためには、このシンクロニシティをあなたの日常に頻繁化させ、よくうちに遊びに来る〝お友達〟のような存在にしておくことが大切です。

シンクロニシティというお友達に、いつでも、何度でも、頻繁に訪ねてきてもらえるようにするには、つねに、直観的でいることです！

ふと浮かんだことや、ピンときたこと、なんとなくそうしたいということには、素直に乗ってみるようにするのです。ステキな閃き、うれしい衝動、いい予感には、よろこんでついていくといいでしょう！

逆に、いやな予感がするもの、抵抗を感じること、胸騒ぎを感じるものや、不快な感覚がくるものには、近づいたり、手をつけたり、関わったりしないことです。

良いものにも、よろしくないものにも、直感的でいることで、あなたのすべてが守られ、適切なときに、適切なやり方で、宇宙にサポートされます！

ちなみに、直観的でいるとは、〝自分の中にやってきた感覚を信じる〟ということです！　とても、シンプルなことです！

直感を研ぎ澄まそうと荒行をする必要も、特殊な能力開発をする必要もありません。ただ、自分の心にやってきた感覚に対して、「わかったよ」と、受け止めるだけでいいのです。

心の中にやってきたものが良いものであれば、楽しんで乗ってみてください。「なんだかあいつの顔が浮かぶから、ちょっと電話してみるか」「なんだか無性にあそこに行きたいから、今日は行ってみるか」くらいのノリで！

すると、なにか「いいこと」に遭遇するはずです！　もし、そうしても、なにもたいしたことが起こらなかったとしても、その流れをつくったことに意味があるのだと理解しておいてください。あとから、その意味がわかる出来事があるはずです。

もし、なにかに対して、心の中によくない感覚がやってきたのであれば、「気のりしないから、それをするのはやめておこう」「あまりいい気分ではないから、出かけるのはよそう」「嫌な予感がするから、それに関わらないようにしよう」とすればいいだけです。嫌なものに関わらないようにしてさえおけば、あとから後悔したり、あのとき、あれが原因で、不運の種を蒔いたのではないかと心配することもありません。

さて、**ふと閃《ひらめ》いたものや、ピンときたこと、なんとなくこうだと感じることに、興味を持って、素直に乗っていくと、そこに、あなただけの不思議なリズムが生まれます。**

なにを隠そう！　そのリズムこそ、〝宇宙のリズム〟であり、あらゆるゾーン・メンバーが持つリズムなのです！

直観的に生きることで、〝宇宙のリズム〟と同調していくと、良いことは自発的に受け取れ、よろしくないことは事前におじゃんにできます。

なにかと守られ、やすらいでいられ、問題や障害など知らない人であるかのようになれるのです。また、願いや夢や目的は、ただそれがうまくいくことを願うだけで、なぜか自然と叶う方向へ叶う方向へと、運ばれるようになります！

日頃から、直観的でいるようにするだけで、あなたのたずさわる人間関係や、あらゆる物事は、抵抗なく、スムーズに進み、楽に展開し、やたらとうまくいくのです！

ちなみに、シンクロニシティが起こることや、流れにのること、そこからの奇跡を体験すること、ゾーンにいることを、最も邪魔するのは、制限と限界に満ちた思考、狭い了見、小難しい理屈や理論武装です。また、不平不満の感情や、不安と恐れに満ちた考えです。それらはすべて左脳からくるもので、極めて人間的で、そこにある可能性まで見失わせ、狭い世界しかつくれないものです。

しかし、直観は右脳からくるもので、宇宙とつながっています！　それゆえ、そこには、制限や限界をポンッと超える正解があり、もっとうまいやり方や、楽な方法、人智では計り知れない多くの可能性があります。

もっと楽に、素早く、最短距離であなたを目的地に連れて行ってくれる良いものをたくさん含んでいるのです！

ちなみに、直観的でいようとするとき、それがどれほどあてになるのかと分析したり、その根拠や正しさの証明をしようとしないでください。

そんなことをしなくても、あなたの中にやってくる感覚は、いつもパーフェクトです。それは、宇宙の贈り物だからこそ、あなたにまちがって何かを伝えることはありません。

一日15分の〝瞑想〟で、「奇跡のコース」が現れる！

すべてが自動的に起こる領域であるゾーンにすんなり入るには、毎日をリラックスして過ごすことが大切です。心と体に充分な休息を与え、余裕ある時間を持てるようにするのです。そうすることで、あなたの魂もやすらげます。

もし、休息をとらず、自分に無理や負担をかけたまま前に進もうとすると、あなたは多くのストレスを抱えたままいくことになり、不調をきたしかねません。

リラックスすることで、あなたはいつも、〝本来の自分〟でいることができ、瞬間、瞬間にやってくる良きものを受け取ることも、良い方向に導かれることもかんたんになるのです！

とはいえ、この現代社会にはストレスが多く、心や体は緊張をしいられ、神経過敏にもなりがちです。休む時間もないというほど仕事をしている人もいることでしょう。

そこで、**一日に15分でもいいので、「瞑想」することをオススメします！「瞑想」することで、それまでそこにあった日常生活のストレスから一時的に解放され、気負っていたものや抵抗や摩擦を捨て去ることができるからです！**

「瞑想」すると緊張がほぐれ、柔軟になれ、短時間で深くリラックスでき、あなたの魂に必要なエネルギーチャージが可能となります。そのとき、意識が拡大されやすく、悟りを得やすくなり、高次元の領域にナチュラルに入っていけるようになるのです。

自分一人になれる場所で、静かになり、軽く目を閉じ、呼吸を整え、自分の中心の奥深いところに向かいましょう！　うるさい音を消し、目を閉じるだけで、わずらわしい現実から「情報遮断」され、内側の世界にすんなりアクセスできます。

「情報遮断」することはとても大切なことです。人は見えるものや聞こえるものに心を奪われがちで、それにとまどい、落ち着かないのですから。

「瞑想」のとき、どのようなスタイルでやるのかとこだわらなくていいです。深いソファに腰掛けてもいいし、床にあぐらをかくのもいいし、ベッドに横たわって完全に力をぬくのもいいでしょう。自分の好きなスタイルでやることが大切です。

無理に何かを考える必要もありません。「瞑想」のときも、起こるままにしておいていいのです。何かについて必死に考えようとしたり、特別なものをイメージしようと力んで、それを自分に強制しないでください。もし、そんなことをしてしまったら、その時点でストレスとなり、瞑想の意味がなくなってしまいます。

いろんな思いや感情やイメージが浮かびあがってきたら、そのままにしておいてください。不安なものが浮かびあがってきたり、怒りを感じたり、涙が出てきたりしたら、そのままでいいのです。すべてそのまま見送ってください。

すべての思いや感情や現象は、「出たときが、消えたとき」となりますから、あなたはその時点ですっかりそれを手放させているからです。

そうやって、あなたの中にあったものが解放され、消えていくと、やがて、「空」（からっぽ＝真空状態になる瞬間）に出逢います。そのとき、あなたは自動的に、すべての可能性の場につながり、ゾーンの源へと入っていけるのです！

瞑想を通して空になると、あなたの心と体と魂が調和し、あなたと宇宙も調和します。そのとき、あなたの心身の不調や、この現実の中にあったすべての不具合が、一瞬で修正されます！

それゆえ、たとえ、一日に15分でも「瞑想」する習慣を持っておくと、毎日、あなたのエネルギーが改善され、現実がより良く更新され、進む道が良質化されます。

「瞑想」を通して、自分の中の深い領域に入っていく習慣を持つ人は、毎日生まれ変わっているようなもので、それゆえ、気づくべきことに気づきやすく、高いレベルにシフトしやすく、シンクロニシティを呼びやすく、ゾーンに入りやすく、奇跡を起こしやすくなるのです！

ゾーンから外れないようにするために！

ゾーンに入っているとき、あなたの人生には「いいこと」ばかりが起こります！ これでもか！ というくらいに♪

自分がこんなにも素晴らしい仲間やパートナーに恵まれ、幸運な出来事に満たされ、望むことを次々と叶えられ、やることなすことうまくいき、そのあまりの好調さに、「いいのかしら」と、とまどうくらいに。

それは、**あなたがゾーンに入っているからこその〝当然の人生〟なのです！ なにも躊躇《ちゅうちょ》せず、その奇跡に乗り続けてください。本来、ゾーンとはそういうものなのですから！**

しかし、この世の中には、「いいことばかりあると、帳尻合わせにこのあと悪いことが起こるのではないか」と、心配する人が多くいるものです。

それは、その人が、これまでそうなってしまうだけの人生を生きてきたからです。

「いいことのあとには、帳尻合わせに悪いことが起こる」という思い込みが強いと、それを実証しようとして、自らそういう現象を引き寄せてしまうのです。

それゆえ、いいことがあると、そのあとが怖くなり、自ら幸運の波に乗るのをやめてしまい、不本意にもなにかと悪いことを引き起こしてしまうわけです。

お伝えしておきたいことは、「いい現象」が起こるエネルギーと、「悪い現象」を起こすエネルギーは、まったくエネルギーの周波数が違うということです！

それゆえ、いいことが起きたら、悪いことが起きるなどという解釈は、宇宙的にはありえないことなのです。

けれども、これまで「いいこと」が起こっていたのに、なぜか、あるときからそれがピタッと止まったかのようになることがあるものです。シンクロニシティも起こらなくなり、ゾーンから降りてしまったように感じることが。

その「いいこと」が止まるのは、いつも、流れにあなたが抵抗し、よけいな心配やなにかしらの不安や、恐れを投入したときだけです。

あなたを幸運の流れに導くゾーンのきっかけともなるシンクロニシティは、あなたのネガティブなエネルギーで阻害されやすくなります。それゆえ、そういったものを好調なときに持ち込まないでほしいのです。

シンクロニシティがとだえるとき、つまり、いい流れに、あなたがネガティブなエネルギーを投入するとき、すぐにそれが〝まちがい〟であるということを示すサインがやってくるものです。あなたに、「ほら、またネガティブになっていない？」と注意を引くために。

そんなときは、そういうことを示す現象が起こるので、あなたはすぐに気づけます。

たとえば、乗れるはずの電車があなたの目の前でたったいま行ってしまうとか、つながりたい相手に何度電話してもつながらないとか、楽しみにしていた予定が次々とキャンセルになるとか。

それは、悪いことではなく、「あなたの中にネガティブなものが入ってきたのではありませんか?」「この良い流れを降りたいのですか?」と、宇宙が問いかけているだけなのです。

そのときに、「あっ、いけない! いけない!」とすぐに気づき、「私の本調子に戻ろう!」と思える人は、すぐにまた、幸運の波を呼び戻せ、新しいシンクロニシティを起こし、ゾーンの中に入っていけるものです。

ちなみに、現象の合図は、〝たて続けに3回〟同じようなことが続いたら、注意しておきましょうということです!

もし、何かがうまくかみあわないとか、調子の狂うことがあるとか、よくないことが起こるというのが、立て続けに3回続いたら、ゾーンから外れる方向に行ってしまっているということかもしれません。

すぐに、「おっと、危ない！」と、心を整え、調子を取り戻すべく、楽しいことにかかわり、波動を上げてください。そうすれば、すぐにまたゾーンに戻るシンクロニシティが起きますから！

幸運のシンクロニシティも、3回立て続けに起こったら、それはゾーンに入る道筋ができているというお知らせですから、そのままいい調子で進むことをおもしろがっていてください。すぐに奇跡が投入されます！

Chapter 4

あなたの世界を一新する☆ヴォイド・タイム

古い殻を脱ぎ捨て、生まれかわる！
そのためにしておくこと

古いものを捨て、新しいものをつかむ☆「ヴォイド・タイム」

あなたがゾーンに入る途中経過では、ときに、「ヴォイド」の時期を通過することがあるでしょう。

「ヴォイド」とは、ひとことで言うと〝喪失〟です。空白、空席、取り消し、清算、きれいになる、ということでもあります。

また、なにかしらの状態を〝ぬける〟ということであり、物事と物事の間や、古い状態と新しい状態の間、これまでの自分とこれからの自分の間にいる時期を経験することでもあります。

このとき、あなたの心身の状態や、身を置く環境、関わる人間関係、起きる出来事に、なにかと変化が起こりがちで、落ち着かないものです。

しかし、それは、なにも悪いことが起きているわけではありません。より良く変化するために、あなたが経験すべきことを経験して然《しか》るべき時期であり、それを超えることでしか、新しい運命を迎えることができないからです。

あなたが、より良い変化を起こし、より高いレベルの自分にシフトし、新しい運命を手に入れてこそ、本望の人生を叶えていけるのです！

さて、「ヴォイド」のとき、あなたは、これまでの古い考えを捨て、新しい考えを取り入れようとするものです。自分自身のあり方や、人生の方向性を見つめ直したい気持ちにもなるでしょう。本当に自分のためになるものをと、何かこれまでにないものを積極的に迎えたいと思うこともあるでしょう。

また、本意、不本意に関係なく、誰かと離れたり、何かを失ったりすることもあるかもしれません。

手探りしている状態でもあり、転換期となる時期なのです。それまでの次元から抜けて、新しい次元に移行するまでの〝待ち時間〟のような、空白のスペースにいる状態を過ごすわけです。

この「ヴォイド」のとき、人はたいがい、それまでも心のどこかで〝生まれかわりたい〟と思っているもので、人生を〝やりなおしたい〟という気持ちの中にいるものです。そして、そんなあなたの内面を反映させる形で、宇宙が見合ったシンクロニシティや出来事や人物を送り込んでくるのです。が、そのまえに、宇宙は、あなたの感じることや、考えることの中に入ってくるわけです！

そんな「ヴォイド」のときのあなたは、いったいどうなっているのかを、次の項で見ていきましょう。

進化し続けなさい！ それでシフトが加速される！

ゾーンに入って「いいこと」だらけを起こすためには、その前に、不要なすべてのものを、不本意なものの数々を、もう役に立たなくなったものを、捨て去る場面が必要です。

宇宙は、それを「ヴォイド」を通して、みごとに叶えさせてくれます！

さて、そのとき、あなたは、もうこれまでのレベルの低い自分から離れ、より高まった人であろうとするものです。不本意なことや、がまんするばかりのことに甘んじるのではなく、自分が本当にいいと思うものだけを選ぼうとするでしょう。

もはや、自分の中で古くなってしまったもの、まったく気持ちが入らなくなったもの、価値が合わなくなったもの、似合わないものを、〝捨てる〟のです。

そして、ここからの新しい自分に、より〝ふさわしいもの〟を積極的に迎え入れて、生きていくようになります。

その影響は、着るもの、住む家、行く場所、持ち物、つきあう人、目指すものなど、人生のあらゆる領域に及びます。

たとえば、あなたは、これまで大事に持っていたものに、前ほど興味を持てなくなり、色褪《あ》せて見えることがあるかもしれません。

それは、もう、あなたにとっては新鮮ではなく、目を向ける価値を失っており、あってもなくても平気というようになっていることでしょう。もしかしたら、はっきりと「邪魔！」と感じるかもしれません。

それが洋服なら、もう「似合わない」と感じ、「もっと良いものを着たい！」と、まったく新しい色やデザインを選び、より質のいいものや高価なものを自分に与えたくなることでしょう。身につけるものを変えることで、外見も新しくしたいと思うものです。

実際、そうしないと、心地悪いものです。これまであんなにもよろこんで着ていた洋服やアクセサリーが、ひどく幼稚で陳腐《ちんぷ》に感じられ、もう着たくないのですから。

また、それが人間関係なら、あなたはこれまで一緒にいた人たちにあまり興味を抱かなくなり、話していても〝つまらない〟と感じるかもしれません。

前なら笑い合って話していたことも、さほど笑えず、「その次元の話なら、もう、いらない」と感じ、話もはずまないでしょう。

特別な理由はないけれど、その人との関係がぎこちなく、関係がうまくいかないのをはっきり感じ取ることもあるかもしれません。

その人に会って無駄な時間を使うくらいなら、家に帰ってひとりで読書をしていたほうがましだと思うことさえあるでしょう。

もっと高まった人たちや、尊敬できる新しい人たちに出逢いたいという欲求が強まるのです。

それが恋人や結婚相手なら、もう別れたいと思うでしょうし、「そうするほうが、自分にとっては幸せで、相手にとってもそのほうがいいだろう」と思えるものです。

それゆえ、「ヴォイド」のときは、あんなにも愛していた恋人や結婚相手に、まったく心がなくなってしまっているので、痛みを感じることなく、すんなり別れることができます。とても清々しいものを感じ、そのあとすぐに、新たな運命の人がやってくる気配さえ、なんの根拠もないけれど感じ取っていることがあります。

また、それが自分がなにかを行っている場所であれば、あなたはもうあまりそこに行きたいとは思わなくなり、自然に足が遠のくでしょう。

それが会社だとしたら、ある日突然、社内にいる自分に違和感を持ったり、自分の居場所がないことにはっきり気づき、「辞めたい」と思ったり、別の仕事を探しだすかもしれません。

もう苦痛なだけの職場を去って、もっとよろこんで働ける職場に行こうとするでしょうし、よりふさわしい仕事を見つけるでしょうし、いっそ好きだったことを仕事にしたいと本気でそう決心したりもするでしょう。

そして、それが身を置いている環境なら、新しい家に引っ越ししたいと思うかもしれません。住んだことのない街に住みたいと思ったり、前から憧れていた土地に行く決心がついたりもするでしょう。

また、引っ越すまではいかなくても、部屋のムードを変えたくなったり、模様替えをしたくなったり、カーテンやカーペットやベッドなど、インテリアを一新することがあるかもしれません。

そうやって、変化を起こすことで、あなた自身の波動を引き上げ、自分をとりかこむまわりの波動をも引き上げ、新しい運命にシフトしているのです。そのシフトをしっかり叶えるためには、変化し続けなくてはなりません！

あなたが必要なときに、必要な場所で、必要な変化をよろこんで起こし続けるとき、つまり、この「ヴォイド」の時期を恐れず進むとき、シフトが加速化されます。

そのとき、シンクロニシティもより高い次元の出来事をもたらし、より素晴らしいゾーンへとあなたを放り込むことになります！

そのゾーンの中には、みちがえるような幸せと奇跡のような人生があり、まさに、それこそが理想と思えるものがたくさんあり、すべてにおいて満たされます！

逆に、この「ヴォイド」を通過しなければ、あなた自身や人生に、より良い変化が訪れないということです。

精神レベルを上げ、波動を上げるたびに、自発的に「ヴォイド」をぬけ、新しい世界へとよろこんで入ってください。そうやってシフトを叶えるのです！

それだけで、あなたは自分の殻をうまく脱ぎ捨て、身軽になれ、軽やかに先に進めるようになり、理想の場所へとゴールしやすくなるからです。

いやなら、何度でも人生を選び直せる

ゾーンに入ると、すべてのことが努力不要であるかのようになり、スムーズに目的地に連れていってもらえます。願いや夢は叶いやすく、望む結果をすんなり叶えられるものです。

そんな「いいこと」だらけのゾーンに、宇宙があなたをいざなうのは、なにもあなたをたぶらかすためではありません。

宇宙は、あなたをなまけもののダメ人間にしようというのではなく、「もっと幸せになるのは、かんたんなんだよ」と教えたいだけなのです！

実際、人間のお固い頭を度外視《どがいし》すれば、私たちは宇宙と同じエネルギー的存在であり、もっと素早く、楽に、幸せになることができるからです！

その宇宙のやり方に気づいた人から、エネルギーレベルを上げられるようになり、他の人の幸せにも貢献でき、宇宙全体の波動を引き上げることに成功するのです。

というわけで、ゾーンに入りたいなら、自分を幸せにすることはかんたんなことなのだとし、それをなによりも優先して生きることです。

不本意な人生、辛いだけ苦しいだけでなにも報われない人生、逃げたいだけの人生になっているというのなら、それに気づいた時点で、そのことに素直に対応する自分でいてください。

それに気づかせているのも、思考を通してもたらされたシンクロニシティであり、宇宙からの気づきのサインだからです。

それを素直に受け止めながら前に進めば、「いいこと」が起こるようになっているし、幸せになるのも早いからです！

そもそもあなたの魂は、幸せとよろこびに応えるものであり、がまんや苦痛には閉ざすものです。幸せとよろこびはあなたをその場で生かし、がまんと苦痛は、あなたをその場で殺します。

あなたの関わるものが、あなたの生きるエネルギーを生み出すものなのか、殺すものであるのかで、あなたの生き方や人生は、まったく違ってくるのです。

そのとき、あなたをかこむ世界の波動もまったく違ったものになり、現われる現実もまったく違ったものになるのです。

さて、ここでは、不本意な仕事と我慢と苦痛を手放して、タイミングよく好きな仕事に導かれ、本当の幸せを叶えた青年U君のエピソードをご紹介しましょう。

U君は、大学の就職活動で内定した、とあるＩＴ関係の会社に入社しました。しかし、その会社は、いつも人手不足で資金不足であったため、ひとりの社員に多くの仕事を背負わせることで、経営をキープしていました。

先輩社員たちは、「早く新人が入ってきてほしい！　そうすれば、自分たちは楽になれる」と、みんながそう思っていました。そして、新人が入ってくると、ここぞとばかりに自分たちの仕事を新人に押し付け、自分たちは楽をし、早く帰っていたのです。

そのせいで、あまりにも多くの業務を先輩たちから押し付けられ、重い責任を押し付けられたU君は、自分のペースで仕事をすることが困難になりました。

先輩からの「ちゃんとやっておけよ」という言葉に、朝はみんなが来る前に会社に入り、夜はみんなが帰ったあと深夜まで残業しなくてはならない状況に。休みは返上され、息つく間もなく、仕事を強いられたのでした。

毎日、朝5時に家を出て、夜中の2時まで会社に残って仕事をしていて、まともにごはんを食べることもできず、寝る時間もありませんでした。疲れた体を気力だけで立ち上がらせていたのです。

家族はみんな心配していました。このままでは、体を壊してしまうと。日に日に生気を失い、顔つきが悲壮《ひそう》で、口もきけないほど憔悴《しょうすい》しきっていくわが子を見ていた母親は、「おかしい！　このままでは危ない！」と早くから察知していました。それゆえ、「辛いだけ、苦しいだけなら、もう辞めてもいいんだよ。体を壊してまでやる必要はないよ！　こんなひどい仕事のさせ方、この会社、おかしいよ！」と。

それでも、U君本人は、「しかたない」「仕事だから……」「先輩に怒られる……休むわけにはいかない」と、休むことも、辞めることも、自分に許可できずにいたのです。そうやって、不本意ながらも、その〝苦しく、辛いだけ〟の毎日を自分に強い続けたのです。

しかし、そんな過労が続くわけもありませんでした。とうとうU君は、心身両方をやられてしまい、ある日、ダウンしたのです。

会社では、U君以外の新人は、もっと早くに自分を救う許可をしていました。「ここでは、やっていられない！」「このまま、こんなことをさせられ続けたら、殺される！」と早くに見切りをつけ、別の会社に行ったのです。U君もそうしてもよかったのです。
実際、ここ何年か、この会社は、どんなに優秀な人が入ってきても人が定着しない会社として有名で、ブラック企業と噂されてもいました。

母親は、U君が倒れ、心身ともに病んでしまったことで、私のところに相談にやってきました。私は、「それがなんであれ、不本意な現実があるなら、それを拒否することもできるし、道は無限にあり、何度でも選び直していいのですよ」と話したのです。

仕事といっても、続けることが不可能なほど辛い条件でやる必要はないわけですし、実際、もっと別の楽しいことを仕事にするのもありなわけですから。
良い条件で採用してもらえる場所は他にもあり、それを探す気があるかどうかの問題だったりするわけですから。なにも世の中、そこだけが自分の勤められる会社というわけでもないのですから。

仕事を持つ誰にでも言えるわけですが、決して、人間が仕事に追われて潰されてはいけないのです。仕事が自分を追いかけて来て、逃げなければ殺されるというのはおかしいのです。

というのも、そもそも、人が仕事をする存在なのですから！　それが逆になって、自分が仕事にこき使われたら、あべこべというものです。

この世の中には、まるで趣味のようなうれしいことや、遊んでいるように楽しいことや、好きでたまらないことを仕事にして、よろこんで生きている人は多くいます。がまんや苦痛とは無縁な仕事は、この世の中にはいっぱいあるし、それを自分が選ぶことができるし、そうすることを自分に許可することもできるのです。

〝運命のせい〟ではなく、本人の〝意思と選択〟でいかようにもなることは、多々あるのです！

人生は積み重ねてできた重い岩のかたまりではなく、そのつど何かを選び直すだけで、羽根のように軽やかに展開する、希望と光に満ちた可能性あふれるものなのです。

母親は、さっそくそのことをU君に話そうと思ったのでした。ひとつの考え方として、こういうのもありだと。

そして、その夜、おいしいものをつくって一緒に食べ、こう言ったのです。

「お母さんは、あなたが毎日笑顔でいることがなによりも幸せだよ。あなたのあんな辛い顔を見ているのは、本当にお母さんも辛かった……。

とにかく、いまは、なにも気にせず、心と体を休めたらいいよ。自分を元気にすることだけを考えればいい。なにも心配いらないよ。

なにがあっても、お母さんはあなたの味方だし、ずっと守っていくからね」と。

そして、こう付け加えたのです。

「元気になったら、今度は、あなたが本当に好きなことをするといいよ」

U君は、無言でうなずいたといいます。

それから、何か月かして、U君はうつ状態から解放されるようになり、天気のいい日には、少し外出できるようにもなりました。心身を休め、お母さんからの愛情をたっぷり受けたことで、心も満たされ、外側に目を向けられるようにもなったのでしょう。ほどなくして、U君は、仕事を探したいという気分になりました。そして、ある日、パソコンを開いてみたのです。

そのとき、突然、ふと、「そうだ。あのサイトを見てみよう」と、浮かんだサイトがあり、ひさしぶりに見てみました。

すると、偶然、たまたまその日にアップされたある会社の新着情報に出逢ったのです。それは、彼が大学の就職活動のときから探していた会社の求人募集！

U君は、それを見つけた瞬間、「これだ！」とピンときて、さっそくメールで応募したのです。

それは、U君が以前から興味を持っており、憧れていた大好きなアニメ業界の会社でした。実は、U君は大学の就職活動のときから、そこに行きたいと思っていたのです。が、当時は、そこの求人はなかったのでした。

それが、このような流れで見つけられたことに、本当に驚いたといいます。

あの頃、どんなに探してもなかった憧れの会社が、ふとパソコンをひらくと、その日から、「中途採用者の募集」をしていたのですから。

もし、彼が会社を辞めていなかったら、このチャンスを、タイミングよく、つかめなかったことでしょう。もし、以前の会社に苦痛を感じていなければ、それなりにそこにずっといたかもしれないし、もし、そうなっていたとしたら、おそらく、昔、憧れていた業界のことなど、心の奥に葬ったままであったかもしれません。

結局、U君は、3日後、面接を受けることになり、それからすぐに採用が決定！

いま、U君はよろこんでそのアニメ業界で働いており、以前とはまったく別人であるかのように、明るくイキイキと輝いた人生の中にいます！

それを思うと、**何かに苦痛を感じたり、苦しむ時期は、決して無駄なものや悪いだけのものではなく、それもまた、自分を救う道へと続く、ゾーンへの価値ある人生の一部であったということです。**

「負のスパイラル」に入らないこと 輝く未来を信じなさい！

シンクロニシティが起こるのか、ゾーンに入れるのかという以前に、あなたに信じておいてほしいことがあります。それは、あなたの運命は、より良くなっていくということです！

未来はいつも光り輝くものであり、あなたは本当の幸せと豊かさとよろこびと満足のある場所に、確実にたどり着けるようになっているということです。

そのためにも、「ヴォイド」の中の〝不安定になる状態〟をうまく乗り越えていくことが大切です。それは、一時的なものであり、永遠に続くものではないからです。

「ヴォイド」のときは、精神的にも、肉体的にも、状況的にも、人間関係においても、なにかと多くの変化が訪れるため、なんだか人生がガタガタしているようで落ち着かず、不安を感じ、泣いて過ごす日もあるかもしれません。
「もしかしたら、人生がもっと悪いほうにいくのではないか」と、恐れを抱いたりもするものです。

しかし、悪いほうへ悪いほうへと考えを走らせたり、怖い怖いと怯《おび》えたり、心配だ、心配だ、困った、困った！　とそんなことばかり言っていてはいけません。騒ぎ立てて、問題を大きくしないでください。

というのも、そんなことをしていたら、賢明な対処法や改善点が見出せないばかりか、ネガティブな自分の想念や態度で、さらに不安になるような出来事や、よろしくない現実を、引き寄せかねないからです。

そうやって、「負のスパイラル」に入ってしまうと、怖いことに、負のシンクロニシティが起こり、さらに悪くなるほうへと連れていかれてしまうからです。そうなってはいけません！

では、そうならないようにするためには、どうしたらいいのでしょうか？

それは、それ以上悪くしない自分でいることです。
とにかく、「悪く思いすぎない」「恐れすぎない」「心配しすぎない」「困った！　困った！　と騒ぎすぎない」ことが大切です。

もちろん、いやなことが起これば、誰でもいい気分はしないものですし、なにかを心配したりするものです。
しかし、なんでも煩《わずら》い〝すぎる〟のはよくありません。すぎた分だけネガティブなエネルギーの残骸があなたの中に残り、それが、あなたの調子を狂わせたり、人生に障害を生み出すことになるからです。

そうならないようにするためには、もし、不安や恐れがあなたの心を占領したら、それが出てきた瞬間に、すぐ宇宙に引き取ってもらうことです。
「こんな心配はいりません。宇宙さん引き取ってください。よろしくお願いします」

と言って！

そのうえで、「大丈夫！　ここからすべては良くなっていく！」「これは一時的なこと！　すべては過ぎ去っていくのだから、なにも問題ない」と、自分に言い聞かせることです！　すると、負のスパイラルが生まれる前に壊せますので、それ以上、なにも悪いことは起こりません。

さて、ゾーン・メンバーたちは、率先して、そうするものです。というのも、ゾーンに入って生きているような人たちは、人生に責任を持っているからです。

それは、「この人生のかじ取りができるのは自分であり、宇宙はそれを守ってくれるだけだ」と信じているということです。

たとえば、「ヴォイド」の時期は、飛行機が乱気流に入ってしまった状態に似ています。飛行機が、いま飛んでいる場所より、もっと高い場所を目指して高度を上げるときに、気圧の違う層にさしかかり、乱気流に巻き込まれるのと同じようなもの。

乱気流に巻き込まれると、どんと機体が下げられたり、ガタガタしたり、激しく揺さぶられたりするものです。「このままだったら、落ちてしまうのではないか」と怖くなることもあるでしょう。視界も悪く、先がなにも見えなくなったりします。

しかし、それは、「悪いこと」なのかというと、そうではありません。ただ、より高い次元に移行するために必要な途中経過の一つにすぎないからです。

そこを抜けたとき、飛行機は目指していた〝より高い場所〟にすっと入っていて、みごとに上昇フライトに成功しているわけです。

そこには、安堵があり、余裕があり、さっきまでとはまったく違う美しい景色がひろがっています！

それと同じことが「ヴォイド」の時期だと思っていればいいでしょう。そのあとには、必ず幸せに安堵した満ち足りた人生が来るのですから！

ちなみに、この「ヴォイド」の時期は、程度の差こそあれ、誰の人生にも訪れるものです。それを意識して、自発的に受け止めて進んでいくか、恐れをなして逃げていくかで、成長する度合いと、引き上げられ方に、差が出ます。

「ヴォイド」の時期は、たいがい、あなたがいまより意識の面においても、制限と限界を感じる現実世界においても、もっと拡大したいというとき、つまり、あなたの〝より大きな成長を叶えんとする時期〟に訪れるものです。

自分の道に従って生きるとき、物事はよりかんたんになる！

ゾーンの中で、すんなり望む人生を叶えたいなら、本当に好きなこと、うれしいもの、楽しめるもの、よろこべるもの、幸せなものにかかわることを「許可」し、そうすることです。それだけで、いつでも、最高の人生は自然に現れるようになっています！

本当に心が望む生き方をし、この人生で手にしたいものの本質を求めるようにしてください。自分らしくいられるようにし、何かをうまくやろうが、しくじろうが、どんな自分をも認め、愛してください。

誰かのためにそれをしなくてはならないからと義務を果たすために何かをしたり、不本意な仕事につくのではなく、〝自分がそうしたいから、そうするのだ〟ということをし、そうする自由を手にすることです。

他人の意見や考えにばかり固執するのではなく、自分の中から出てきた考えをくみ取り、それを大切に育んでください。そして、この人生で何をし、どんなふうに生き、どんな自分になり、どういう宝物を手にしようとしているのか、そのビジョンを鮮明にし、そこに自分の意欲をみることです。

そして、**それは可能なことであり、なんでも叶うのだと、肯定してください。そうすれば、あなたはゾーンへいざなわれている途中でも、ゾーンに入ってからでも、それらとつながり、みごとに具現化できます！**

この世の中で、他の誰かが叶えている素晴らしいことや、憧れの仕事や、夢のような人生は、自分にも可能なことであり、それを「私もほしいです」と素直にオーダーするだけでいいのです。

誰かの何かをうらやんだり、嫉妬したり、面白くないとひがむのではなく、「よかったね。次は私も受け取れるから、このことに出逢えてうれしいです」と、祝福し、わがことのようによろこぶことです。とりもなおさず、それはあなた自身への祝福でもあるからです。

あなたが、自分の思いやビジョンや目的を自分で知り、認め、それが叶うことを許可し、自分の道に従って生きる決心をすると、ほとんどの場合、あなたが何かを具体的にする前に、それは引き寄せられてきます。

それは、あなたが自分の道を生きる覚悟を決めたことが宇宙に伝わったからです！

オートマチックに引き寄せる☆魔法の状態とは⁉

あなたが〝ある一定の思考レベル〟になるとき、あなたはシンクロニシティが起こるよりも前に、瞬時にゾーンに入り、何かをただ思考するだけで、それを引き寄せ、望む結果をコロッと叶えてしまうことがあるものです。

それは、その〝ある一定の思考レベル〟になると、ふつうに起こる現象です。
そのとき、まるで、自分が魔法使いになったような不思議な世界を体験することになりますが、夢ではなく、れっきとした現実ですから、驚かずにはいられません。

さて、その〝ある一定の思考レベル〟とは、どういう状態なのでしょうか？

それは、あなたの感情レベルにおいて、不純なものやエゴや、恐れや不安や執着が、一切ない状態のときです。感情はただクリーンなエネルギーで満たされており、故意に何かをしたいとか、誰かに何かをさせようという気持ちがない状態です。

あなたには、叶えたいものがあるわけですが、「叶えたい！」という強い欲求はなく、だからといって望んでいないのでもなく、「望んでいるし、叶ってほしいけれど、だからといって、叶わなかったとしてもまったく問題なく、どのようになっても幸せであり、満足している」という〝ニュートラルな状態〟にあるものです。

その〝ニュートラルな状態〟には、その領域のどこにも何も力みがなく、負荷がかかっていません。無理なく、自由で、ここからどんな状態にも移行できるという〝あらゆる可能性〟に満ちた状態がそこにあるだけです。

そして、そのときあなたの中には、「知っている」「わかっている」という感覚だけが桜の花びらのごとく淡くうっすらとあります。

そのとき、何を知り、何をわかっているのかというと、「どのみち、それは叶うことになる」という、最終結果への確信であり、いい予感です。

それを、何かを望む前から、あるいは、一瞬望んだあとから、あなたは察知しているので、自分が何かを自力でする必要もなく、誰かにさせる必要もないという状態でいられるのです。

その〝何もしない〟というのは、物事にかかわらずに無関心でいるということではなく、当然やってくるものを、静かに待っているような感覚なのです。

それは、意味なくあてもなく待っているのではなく、〝まもなくやってくるものを楽しみに待っている〟ということであり、そのときがきたら、必要なことをし、動き出すつもりでいるのは当然のことで、それゆえ、そのときを迎えるのに、しばしリラックスしているという感じです。

しかし、本当は、待ってもいないのです。どうなるのも、宇宙におまかせしているというのが正解でしょうか。

この、何かを思考しただけで物事が叶いだすという〝ある一定の思考レベル〟の世界を、私自身はもう何度も経験しているのですが、この感覚を言葉にして伝えるのはとても難しいものです。

感覚は、そうなってみないとわからないものだからです。不思議なことは体験してみないと説明がつかないからです。

しかし、この説明にあるニュアンスをつかめた人には、きっと、それが起こるはずです！

感謝をこめた「あとがき」

〝日常は、奇跡に満ちている！〟

～あなたを生かしている宇宙は、〝無償の愛〟そのもの！　それを感じとる

宇宙は、あなたから、片時も離れず、ずっと、そばにいてくれる〝無償の愛〟のかたまりです。それゆえ、あなたが落ち込み、傷つき、疲れているときには、あなたを癒し、励ますシンクロニシティをそっと送りこんできてくれます。

あなたが何かに悩み、傷つき、疲れ果て、「そこからもう抜け出したい」というときには、癒しと解決策を同時にもたらすかのように、シンクロニシティは起こります。

何をやってもうまくいかず、夢も願いも叶わず、「もう、ダメだ」と、あきらめ、絶望しかけているときには、希望の船を出し、光の道をつくり、あなたが再び前に進めるよう足元を照らしながら、必要なサポートをすべく、シンクロニシティを送りこんでくれるのです。

　また、あなたに危機がせまっているときや、ただちに救わなくてはならないというような緊急性のあるとき、一刻を争うときにも、そのタイミングを逃すことなく、シンクロニシティはやってきます！

　とにかく、宇宙は、うれしいこと、楽しいこと、ハッピーなことにあなたが真剣にかかわっているときや、願いや夢を叶えようとしているときにも、シンクロニシティを発生させますが、そうではない、辛い状況のときにも、積極的にあなたをサポートしようとしています。

**　宇宙は、何があっても、どんなときも、あなたを決して見捨てません。だから、あなたも、何があっても、どんなときも、決して自分を自分で見捨てることがあってはなりません！**

　さて、シンクロニシティは、時を外すことがありませんし、何がどう起こる場合でも、すべては、あなたの〝運命の理《ことわり》〟と〝宇宙の理〟に適ったものです。

つねに、その密接な関係を大切にしてくれ、ほんとうに優しく、あたたかく、慈愛に満ちたやり方で、あなたの人生を感動的なものにしてくれます。

そして、あなたがシンクロニシティに興味を向け、その出現を祝福し、感謝し、より信頼するほど、もっと頻繁にシンクロニシティが起こるようになり、ゾーンに突入できるようになります！

そういったことは、ごく〝ふつうの顔〟をしてやってくるのだけれども、そのあとに続く人生に密接に関係していて、あなたの行く道をしっかり助ける役割をしてくれているものです。

あなたに起こるシンクロニシティは、いつも、「もし、それが起こっていなかったら、あのあとどうなっていただろう」というような、意味のある重要な出来事になっていたりします。

ですから、今日をつまらないものとせず、どうせ何も起こらないだろうと無関心にならず、「今日はどんなことを宇宙はプレゼントしてくれるのだろうか♪」と、自分の心やまわりの人たちや、起こる出来事に、興味深く注目していてほしいのです。

そうすれば、日常のあらゆる場面で、自分自身や、かかわる人や、いろんなものや、やってきた出来事が、あなたのために動き、サポートし、道を開こうとしているのがわかることでしょう！

そこにあなたを守る宇宙の意図や愛がしっかりあることがわかれば、このなにげない毎日をも、きっと、いつも幸せな気分で過ごせるようになるでしょう。

すべては必然！
そうなるようになっている！

2016年　3月

ミラクルハッピー　佳川　奈未

佳川奈未のベストセラー

単行本

『幸運予告』（初めての語りおろし特別CD付《約40分収録》）
～世界一ハッピーなこれが本当の惹き寄せの法則
マガジンハウス

『幸運 Gift☆』《なみちゃんエイベックス歌手デビューシングル CD付BOOK》
～宝物を受け取りながらすべての願いを叶える方法
マガジンハウス

『富裕の法則』竹田和平&佳川奈未　共著
～お金と幸せと成功を叶えるミラクルあふれる虎の巻
マガジンハウス

『船井幸雄と佳川奈未の超☆幸福論』船井幸雄&佳川奈未　共著
～次元上昇して、真の幸せをつかもう！
ダイヤモンド社

『手放すほどに受け取れる宇宙の法則』
～あなたの願いはすんなり叶う！
PHP研究所

『「運命の人」は探すのをやめると現れる』
～必然的に二人が結ばれる方法
PHP研究所

『あなたの中のなんでも叶える「魔法の力」』
～恋とお金と夢によく効く！「潜在意識」の秘密
PHP研究所

『望みのすべてを必然的に惹き寄せる方法』
～奇跡のしくみをダウンロード！
PHP研究所

『効果的にお金を惹き寄せる魔法のルール』
～運もよくなるシンプルなマネー法則！
PHP研究所

『ひとりでに願いが叶う☆魔法のノート』
～惹き寄せるまでもなく、スピーディーに結果を出す方法
講談社

『「結果」は自然に現れる！』
～人生が思い通りになる☆幸せの保証書
講談社

文庫

『必然的に成功する100の方法』（書き下ろし） マガジンハウス
『結果的にお金持ちになる100の方法』（書き下ろし） マガジンハウス
『飛躍的に運がよくなる100の方法』（書き下ろし） マガジンハウス
『恋愛運のある女、ない女の常識』（書き下ろし） マガジンハウス
『運のいい女、悪い女の習慣』（書き下ろし） PHP研究所・PHP文庫
『成功する女、しない女の習慣』（書き下ろし） PHP研究所・PHP文庫
『「ありがとう」の魔法力』（書き下ろし） PHP研究所・PHP文庫
『おもしろいほどお金を惹きよせる心の持ち方』 PHP研究所・PHP文庫
『おもしろいほど願いがかなう心の持ち方』 PHP研究所・PHP文庫
『おもしろいほど愛される女になる魔法の法則』 PHP研究所・PHP文庫
『きっと恋がうまくいく魔法の習慣』 三笠書房・知的生きかた文庫
『30分で運がよくなる魔法のノート』 三笠書房・知的生きかた文庫
『願いがかなう100の方法』（文庫版） 三笠書房・知的生きかた文庫
『なぜかうまくいく女の魔法の習慣』 三笠書房・知的生きかた文庫
『運のいい人がやっている気持ちの整理術』 講談社／講談社＋α文庫
『叶えたいことを「叶えている人」の共通点』 講談社／講談社＋α文庫
『怒るのをやめると奇跡が起こる♪』 講談社／講談社＋α文庫

など、その他、著書多数あり。

✦佳川奈未プロデュース＆主宰『MIRACLE HAPPY COLLEGE』

http://miracle-happy.com/college/

◎佳川奈未の「ミラクルハッピーカレッジ」は、夢を叶える大人のカレッジ！
自己実現、願望成就、潜在意識活用法や惹き寄せの原理原則、
お金・仕事・成功の法則、幸せな恋愛・金運上昇・出世飛躍の方法、
宇宙の法則など、おもしろくてためになることを、楽しく学べ、
即、実生活に役立てられます♪

✦佳川奈未が会長を務める社会団体

「心」と「体」と「魂」に優しい生き方を創造する！
『一般社団法人ホリスティックライフビジョン協会』
http://www.holistic-life-vision.com/

「商標権」「著作権」について

◆佳川奈未のキャッチフレーズであり、造語である、「ミラクルハッピー」は、正式に商標登録されています。
※ MIRACLE HAPPY、Miracle Happy、ミラクルハッピー、みらくるはっぴー、など表記形態に関係なく、「ミラクルハッピー」において、商標登録されています。よって、この言葉や表現を使って、第三者が何らかの商品販売や商法を行うことは、不正競争防止法違反にあたり、法的処罰の対象となります。

◆「MIRACLE HAPPY COLLEGE」は、佳川奈未の造語であり、佳川奈未主催カレッジの商標で、正式に商標登録されています。

◆「成功感性」「幸運予告」は、佳川奈未の造語であり、著書タイトルや、携帯サイトにもなっているもので、正式に商標登録されています。

◆佳川奈未が会長をつとめる一般社団法人ホリスティックライフビジョン協会の「ホリスティックライフビジョン」は、正式に商標登録されています。

✦佳川奈未オフィシャルサイト

『ミラクルハッピーなみちゃんの奇跡が起こるホームページ』

http://miracle-happy.com/

※ホームページの「Fan・メルマガ（無料）」（会費・年会費・メルマガ配信など、すべて無料）に登録すると、毎月、メルマガ配信され、なみちゃんの最新刊情報はもちろん、講演・セミナー・ディナーショー・イベントなどの情報が“優先的”に入手できます。また、“ここでしか読めない”ためになるエッセイや、夢を叶える秘訣・お金持ちになる方法、成功の法則など、興味深い内容満載♪

著者紹介

佳川 奈未　作家。作詞家。神戸生まれ。現在、東京在住。夢を叶える大人のカレッジ『MIRACLE HAPPY COLLEGE』主宰。心と体と魂に優しい生き方を創造する『一般社団法人ホリスティックライフビジョン協会』会長。世代を超えた多くの女性たちに圧倒的な支持を得ているベストセラー作家。生き方・夢・お金・恋愛・成功・幸運をテーマにした著書は累計500万部にものぼり、翻訳出版も多数。スピリチュアルな世界を実生活に役立つ形で展開。潜在意識や願望実現等の実践セミナーは海外からの受講者も多い。臼井式レイキ・ヒーラー。ホリスティック・レイキ・マスター・ティーチャーとして、定期的に開催している「レイキ・ヒーリング」「オーラリーディング☆個人セッション」には、芸能関係者や著名人も訪れる。

「いいこと」ばかりが起《お》こりだす
スピリチュアル・ゾーン

2016年4月5日　第1刷

著　　者　佳《よし》川《かわ》奈《な》未《み》
発 行 者　小澤源太郎

責任編集　株式会社 プライム涌光
電話　編集部　03(3203)2850

発 行 所　株式会社 青春出版社
東京都新宿区若松町12番1号 〒162-0056
振替番号　00190-7-98602
電話　営業部　03(3207)1916

印　刷　共同印刷　　製　本　大口製本

万一、落丁、乱丁がありました節は、お取りかえします。
ISBN978-4-413-03993-2 C0095

なぜ、いちばん好きな人とうまくいかないのか？
ベストパートナーと良い関係がずっとずっと続く処方箋
晴香葉子

終末期医療の現場で教えられた
「幸せな人生」に必要なたった1つの言葉〈メッセージ〉
大津秀一

その英語、ネイティブはカチンときます
デイビッド・セイン

アメリカ抗加齢医学会の新常識！
老化は「副腎」で止められた
心と体が生まれ変わるスーパーホルモンのつくり方
本間良子　本間龍介

1時間でわかる省エネ住宅！
夢を叶える家づくり
本当に快適に暮らす「パッシブデザイン」の秘密
高垣吾朗

青春出版社の四六判シリーズ

すべてを叶える自分になる本
魂が導く「転機」に気づいた瞬間、求めていた人生が動きだす！
原田真裕美

中学受験は算数で決まる！
西村則康

子宮を温める食べ方があった！
定真理子　桑島靖子

子どもの心と体を守る「冷えとり」養生
今津嘉宏

本当は結婚したくないのだ症候群
「いつか、いい人がいれば」の真相
北条かや

お願い　ページわりの関係からここでは一部の既刊本しか掲載してありません。
折り込みの出版案内もご参考にご覧ください。